KB247277

학생부종합전형

학교생활기록부

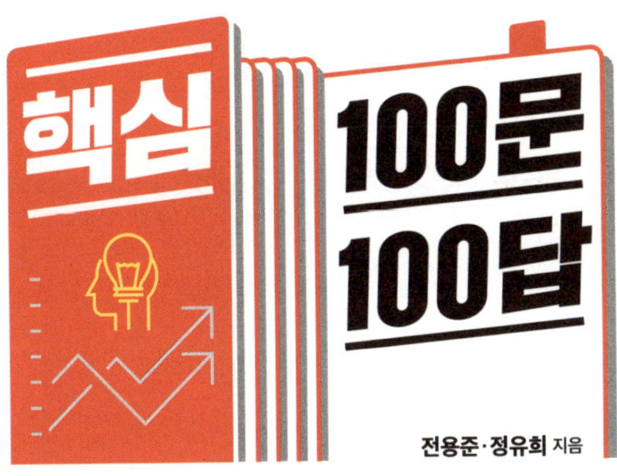

전용준·정유희 지음

학생부종합전형

NEW 학교생활기록부 핵심 100문 100답

펴낸날 2020년 7월 10일 1판 1쇄

지은이 전용준, 정유희
펴낸이 김영선
교정·교열 이교숙
경영지원 최은정
디자인 박유진 · 현애정
마케팅 신용천

펴낸곳 (주)다빈치하우스-미디어숲
주소 경기도 고양시 일산서구 고양대로632번길 60, 207호
전화 (02)323-7234
팩스 (02)323-0253
홈페이지 www.mfbook.co.kr
이메일 dhhard@naver.com (원고투고)
출판등록번호 제2-2767호

값 16,800원
ISBN 979-11-5874-078-8

이 도서의 국립중앙도서관 출판예정도서목록(CIP)은 서지정보유통지원시스템 홈페이지(http://seoji.nl.go.kr)와
국가자료공동목록시스템(http://www.nl.go.kr/kolisnet)에서
이용하실 수 있습니다.(CIP제어번호: CIP2020024037)

학생부종합전형

학교생활기록부

전용준·정유희 지음

미디어숲

추천사

학생부 핵심 100문100답을 찾아가는 저자의 노력이 놀랍다. 현장에서 얻어지는 다양한 정보를 100개의 핵심 정보로 정리하는 것은 쉬운 일이 아니다. 정보에 목말라하는 학부모와 교사 그리고 컨설턴트에 이르기까지 다양한 수요자들의 입맛에 맞는 맞춤형 정보가 될 것으로 기대한다.

조훈, 서정대 교수

최근 입시에서 '학교생활기록부'는 대입, 특히 수시전형에서 매우 중요한 평가요소가 되고 있다. 학생, 학부모 입장에서는 이러한 흐름을 읽고 입시를 준비해 나가야 한다. 이 책에서는 대입제도 개편안에서 발표한 학교생활기록부 기재 개선방안에 있어 큰 변화들을 두루 살피고 있다. 특히 개정판에서는 학교생활기록부와 관련해 입시를 준비 중인 이들이 가장 궁금해하는 질문 100개를 엄선하여 충분한 예시와 설명으로 답변한다. 대학 수시입학을 염두에 두고 있는 중고생들이 정독한다면 큰 도움을 얻을 수 있을 것으로 보인다.

김무현, 교육 매거진 〈앤써〉 발행인 겸 (주)해오름커뮤니케이션즈 대표

'NEW 학생부 100문 100답'은 학생부와 관련된 궁금한 내용에 대해 쉽고 명쾌하게 알려주고 있다. 학종을 준비하는 수험생뿐만 아니라 학부모와 진학지도를 하는 교사들에게도 많은 도움이 될 것으로 보인다. 특히, 학생부 기재방식 변경에 따른 혼란스러운 부분을 일목요연하게 정리하여 학생부 각 항목마다 어떻

게 기록하는 것이 좋은지 모범 답변과 사례를 제시하고 있다.

이영덕, 강대마이맥학원 입시연구소장

매년 개정되는 학생부 기록방법에 따라 새로운 개정에 맞춰 출간되는 'NEW 학생부 핵심 100문 100답'이 교사로서 참으로 반갑다. 이 책은 학교생활기록부 작성에 대한 학생들의 궁금증에 명쾌한 답변으로 잘 정리해 놓았다. 따라서 필요한 전략을 적재적소에 응용할 수 있으며 많은 도움이 될 것으로 보인다.

정동완, 오늘과 내일의 학교 회장, 경남 서창고 교사

대입 제도가 해마다 변경되고 학생부 기재방법 또한 간소화되어 과연 대학은 어떤 식으로 학생을 뽑겠다는 것인지 불안하고 학생들을 지도하는 입장에서 다소 어려움이 있다. 하지만 'NEW 핵심 100문 100답'은 이런 긴가민가한 아리송한 부분들을 콕콕 짚어주며 간지러운 곳을 시원하게 긁어주는 효자손 같은 책이라 할 수 있다. 따라서 이 책을 현직교사들의 필독서로 추천하고 싶다.

손평화, 경남 거창고 교사

학생부종합전형에서 추천서가 폐지되고 자기소개서가 축소되거나 폐지되는 교육제도의 변화가 학생, 학부모, 교사들을 혼란스럽게 만들고 있다. 현 시점에서 학생부가 가장 중요한 서류인 것을 인식하고 학생부종합전형에 대한 의문점과 학생부를 작성하는 과정에서 학생들이 가질 수 있는 의문점들을 영역별로 서술해 두었다. 특히, 학생들이 막연하게 생각하는 의문점들을 100문 100답으로 정리하여 학생들이 의문점들을 쉽게 해결하고 더 나아가 학생부종합전형에 맞춤형 대비가 가능한 학생부를 만들 수 있도록 가이드하고 있다.

김두용, 대구 영남고 교사

"학생부종합전형은 어렵다."라고 느끼는 것은 쉽게 설명된 참고서가 없기 때문일 것이다. 당장 급한 입시생부터 학부모, 교사까지도 A라는 질문이 있는데 참고할 만한 데이터를 찾기 힘들다. 여기 'NEW 학생부 100문 100답'에서는 학생부종합전형과 학생부 기입에 궁금한 사항을 친절하게 설명하였으며 목차 질문을 통해 해당 궁금증을 빨리 해결하는 강점이 있다. 아직 학생부 작성에 대한 궁금증으로 고개를 갸웃한다면 이 책을 추천한다.

박상철, 경기 흥진고 교사

학생부종합전형이 무엇인지 잘 모르겠다면 이 책으로 시작하자. 자신의 진로, 진학에 맞는 학생부를 어떻게 꾸려야 할지 고민이라면 이 책으로 확인하자. 각 대학별 가이드북을 따로 들춰보지 않아도 이 책 한 권이면 충분하다. 이 책이 학생부종합전형으로 대학을 가고자 하는 학생들에게 고등학교 생활의 길라잡이가 되길 바란다.

김승호, 청주외고 교사

학교생활기록부는 고등학교 3년 동안의 학교활동을 총망라한 '삶의 흔적'이다. 인적사항, 학적사항, 출결, 수상, 자격증&인증, 진로희망, 창체활동, 세특, 독서활동, 종합의견 등 다양한 항목으로 세분화되어 있는 학생부는 어느 한 가지도 소홀히 해선 안 되는 '나만의 삶의 기록물'이 돼야 한다. 'NEW 학생부 100문 100답'은 나만의 삶의 기록들을 더 알차게 만들 수 있도록 핵심 정보만 쏙쏙 제공해주는 책이다. 학생부종합전형을 준비하는 학생들이라면 이 책을 통해 자신의 학생부를 더 알차게 만들어나가길 바란다.

김형준, 서울 숭의여고 교사

머리말

2022 대입 개편에 따른 학교생활기록부 기록의 내실화를 통해 달라진 학생부종합전형을 준비하라!

현재 교육계의 가장 큰 화두는 2015 개정 교육과정을 통해 기존의 단편적인 지식을 평가하는 방식에서 벗어나, 학생이 주도적으로 참여하는 과정 중심평가이다. 이는 결국 4차 산업혁명 시대에 능동적으로 대처할 수 있는 창의융합형 인재를 양성하는 데 목적을 두고 있다. 이러한 이유로 문·이과 통합교육 기반을 마련하기 위해 공통 과목을 신설하여 기초 소양을 갖추게 하고, 학생의 진로와 적성에 맞는 다양한 선택과목을 자율적으로 이수하도록 권고하고 있다. 학생 스스로 학교생활 전반에 걸쳐 진로 및 학업설계를 할 수 있는 역량을 키우는 데 초점을 맞추고 있는 것이다.

2015 개정 교육과정이 실질적으로 적용되면서 학생 스스로가 선택하는 교과목에 따라 다양한 수준의 탐구활동, 토론 및 발표활동, 프로젝트 활동 등이 진행 중이다. 학생의 주도적인 참여를 기반으로 한 활동 중심의 평가 관련 내용들이 향후 학교생활기록부에 기록될 예정이다. 문·이과 통합교육 현실화를 위한

2015 개정 교육과정은 2018년 1학년부터 적용되었으며, 특히 '2022대학입학제도 개선방안'에 의해 학년별 학생부 기재요령이 다른 점을 감안해서 관련 내용을 이 책에 포함했다.

최근 교육부의 정시확대 권고방침에도 불구하고 많은 대학이 '창의융합형 인재'를 선발하고자 학생부종합전형을 수시전형에서 가장 큰 규모로 선발하고 있다. 수시에서 논술과 특기자 전형을 점진적으로 축소하고 수시는 학생부위주전형으로, 정시는 수능전형으로 학생들을 선발하는 기류가 형성되고 있는 것이다.

작년 블라인드 면접에 이어 올해는 '공통고교정보' 폐지로 제출한 서류의 블라인드 평가를 실시하며, 교사추천서 및 자기소개서 제출을 간소화하는 대학들이 늘어나고 있다. 수능최저학력기준 약화 및 폐지, 2단계 면접의 차별화, 계열 구분 없는 역량 중심의 평가, 고교-대학연계 프로그램 활성화, 대학별 학생부종합전형 지원자격 완화, 대학별 학생부종합전형 프로그램 활성화 등이 바로 그것이다. 특히 고교 현장에서는 학생중심 프로젝트 탐구활동과 진로 중심 동아리 활동이 활성화되었고, 지역 학교 간 공동협력 수업을 기반으로 다양한 진로 선택 과목을 이수할 수 있는 온라인 공동교육과정까지 마련했다.

이 책에는 학생부종합전형 방식 및 선발과 학교생활기록부 '인적사항'부터 '행동특성 및 종합의견'까지 많은 내용을 수록하고 있다. 눈높이에 맞춘 질문과 더불어 '2020 학교생활기록부 기재요령' 및 주요 대학들이 발표한 학생부종합전형 가이드북의 예시들을 참고하여 각 질문에 가장 정확한 답변을 하려고 애썼다. 수험생들이 평소 궁금해 하는 내용은 물론 꼭 알아두어야 할 핵심 내용까지 예시와 함께 소개했다.

이 책이 학생부종합전형을 준비하는 모든 수험생과 학부모, 그리고 교육관계자에게 많은 도움이 되길 바라며, 학생부종합전형을 지원하는 모든 지원자들의 합격을 기원한다.

저자 전용준, 정유희

차 례

PART 1

학생부종합전형의 이해

PART 2

학교생활기록부의 이해

PART 3

학교생활기록부 항목별 기재방식

부록

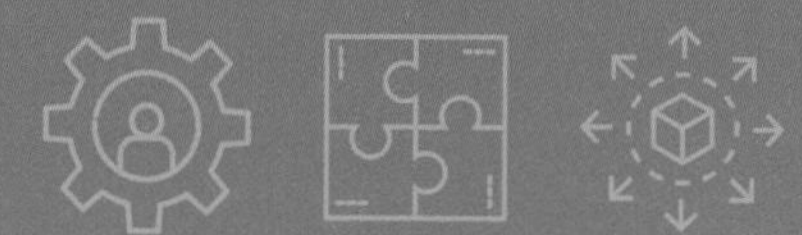

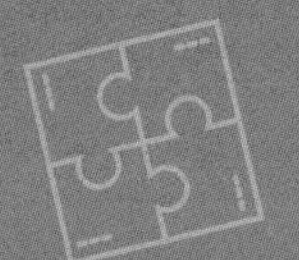

PART 1

학생부종합전형의 이해

•

•

•

학생부종합전형은

제출 서류들을 어떤 평가기준에 의해 평가하는가

Q&A 1

학생부종합전형은 어떤 방식으로 선발하는지 궁금합니다.

학생부종합전형은 전형방법에 있어 1단계 서류평가를 일정한 배수로 선발한 다음 2단계에서 면접을 실시하는 단계별 전형과 일괄적으로 서류만을 평가하거나 혹은 서류에 면접과 교과라는 전형요소를 혼합해서 평가하는 일괄합산 전형으로 구분됩니다. 한편, 단계별 전형과 일괄합산 역시 수능최저학력기준의 유무로 다시 구분될 수는 있습니다. 결국 학생부종합전형은 전형방법의 차이에 따른 구분도 중요하지만 교과, 비교과, 제출서류, 면접, 수능과 같은 전형요소의 비중에 따른 구분도 중요함을 알아야 하겠습니다.

학생부종합전형 구분

면접 여부	단계	전형방법	대 학	수능최저 학력기준
실시	일괄합산	서류+면접	서울대(지역균형) 등	○
	단계별	1단계: 서류100 2단계: 서류+면접	건국대(KU자기추천), 경희대(네오르네상스), 고려대(계열적합형), 서울대(일반), 서울시립대(학생부종합), 연세대(활동우수형), 한국외대(면접형) 등	×
			고려대(학업우수형) 등	○
미실시	일괄합산	서류100	서강대(1차, 2차), 성균관대(계열모집, 학과모집), 중앙대(다빈치형인재, 탐구형인재), 한국외대(서류형) 등	×
			이화여대(미래인재) 등	○
		교과+서류	건국대(KU학교추천), 경희대(고교연계) 등	×

출처 : 대입정보119

Q&A 2

학생부종합전형은 대학마다 제출하는 서류가 어떻게 다른가요?

학생부종합전형에서 서류평가는 가장 중요한 평가단계입니다. 학생부만 서류 평가하는 대학, 학생부와 자소서로 서류평가하는 대학, 학생부와 자소서 그리고 추천서 모두 평가하는 대학을 나뉘어 있으니 다음 자료를 통해 어떤 서류가 필요한지 사전에 파악한 후 준비하는 것이 좋습니다.

2021학년도 학생부종합전형 모집인원 및 전형방법 현황

학 학교생활기록부, 자 자기소개서, 추 추천서

대 학	전형명	모집 인원	전형방법	수능최저 학력기준	제출서류
서울대	지역균형선발	735	서류70+면접30	○	학 자 추
	일반	1,497	1단계(2배수 이내): 서류100 2단계: 1단계50+면접 및 구술50 ※사범대 1단계50+면접 및 구술 30+교직적성··인성면접20	× (미술대학, 체육교육과 ○)	
연세대	활동우수형	768	1단계(2.5~4배수): 서류100 2단계: 1단계60+면접40	×	학 자 추
	국제형	293	1단계(2.5~4배수): 서류100 2단계: 1단계60+면접40	×	
	면접형	523	1단계(3배수): 교과40+서류60 2단계: 1단계40+면접60	×	학 자
고려대	일반전형(계열적합형)	495	1단계(5배수): 서류100 2단계: 1단계60+면접40	×	학 자
	일반전형(학업우수형)	1,178	1단계(5배수): 서류100 2단계: 1단계70+면접30	○	
성균관대	계열모집	655	서류100	×	학 자
	학과모집	875	서류100 일부 학과 1단계(3배수): 서류 100 2단계: 1단계80+면접20 [의예, 사범대(교육, 한문교육, 수학교육, 컴퓨터교육), 스포츠과학]	×	학 자

한양대	일반	979	학생부종합평가100	×	학
서강대	학생부종합(1차)	434	서류종합평가100	×	학 자
	학생부종합(2차)	323		×	
	SW우수자	16		×	
중앙대	다빈치형인재	590	서류100	×	학 자 추
	탐구형인재	538		×	
	SW인재	75		×	
이화여대	미래인재	844	서류100	○	학 자
경희대	네오르네상스	1,180	1단계(3배수): 서류100 2단계: 1단계70+면접30	×	학 자
	고교연계	750	학생부30+서류70	×	
한국외대	면접형	626	1단계(3배수): 서류100 2단계: 1단계70+면접30	×	학 자
	서류형	368	서류100	×	
서울시립대	학생부종합	563	1단계(2~4배수): 서류100 2단계: 1단계50+면접50	×	학 자
서울교대	교직인성우수자	100	1단계(2배수): 서류100 2단계: 1단계50+면접50	○	학 자
	사향인재추천	30		×	학 자
경인교대	교직적성	324	1단계(2배수): 서류100 2단계: 1단계70+면접30	×	학 자
건국대	KU자기추천	850	1단계(3배수): 서류100 2단계: 1단계70+면접30	×	학 자
	KU학교추천	445	서류70+ 교과30	×	학 자 추
동국대	Do Dream	609	1단계(3배수, 일부2.5배수): 서류100 2단계: 1단계70+면접30	×	학 자
	Do Dream (소프트웨어)	64		×	
	학교장추천인재	390	서류100	×	학
홍익대	학교생활우수자	383	서류100	○	학 자
	미술우수자	247	1단계(6배수): 학생부교과100 2단계(3배수): 서류100 3단계: 2단계40+면접60	○	학 미술활동 보고서
숙명여대	숙명인재Ⅰ(서류형)	423	서류100	×	학
	숙명인재Ⅱ(면접형)	230	1단계(4배수): 서류100 2단계: 1단계40+면접60	×	학 자
	소프트웨어융합인재	19		×	학 자

아주대	ACE	561	1단계(3배수): 서류100 2단계: 1단계70+면접30	○	학 자
	다산인재	222	서류100	×	학 자
	국방IT우수인재1	20	1단계(3배수): 서류100 2단계: 1단계70+면접30	×	학 자
	SW융합인재	30		×	학 자
인하대	인하미래인재	877	1단계(3배수내외): 서류100 2단계: 1단계70+면접30	×	학 자
	학교장추천	286	서류100	×	

출처 : 대입정보 119

※ 대입공정성 강화방안으로 2022학년부터는 자기소개서를 개선하여 문항 및 글자수가 축소되고 교사추천서를 전면 폐지합니다.

Q&A 3

대부분의 대학과는 달리 학교생활기록부만 제출하는 대학의 경우 어떻게 평가하는지가 궁금합니다.

주요대학들 가운데 학생부종합전형에서 학생부만 제출하는 대학으로는 한양대(학생부종합 일반), 숙명여대(숙명인재 서류), 동국대(학교장 추천인재), 성신여대(학교생활우수자), 홍익대(미술우수자) 등이 있습니다. 그 가운데 한양대학교의 경우 종합성취도는 단순한 교과성적을 의미하지 않고, 교과성적을 정량적으로 수치화하여 반영하는 것이 아니라 학생부에 드러난 학업 관련 기록을 통하여 종합성취도를 판단합니다. 학생이 이수한 과목과 과목의 성취도(원점수/평균/표준편차), 교내수상, 세부능력 및 특기사항, 창의적 체험활동상황 등 학생부에 기록된 모든 내용을 토대로 학생의 교육여건과 교육과정을 고려하여 고등학교 3년 동안의 성취도를 종합하여 정성적으로 평가하여 우수한 학생을 선발합니다.

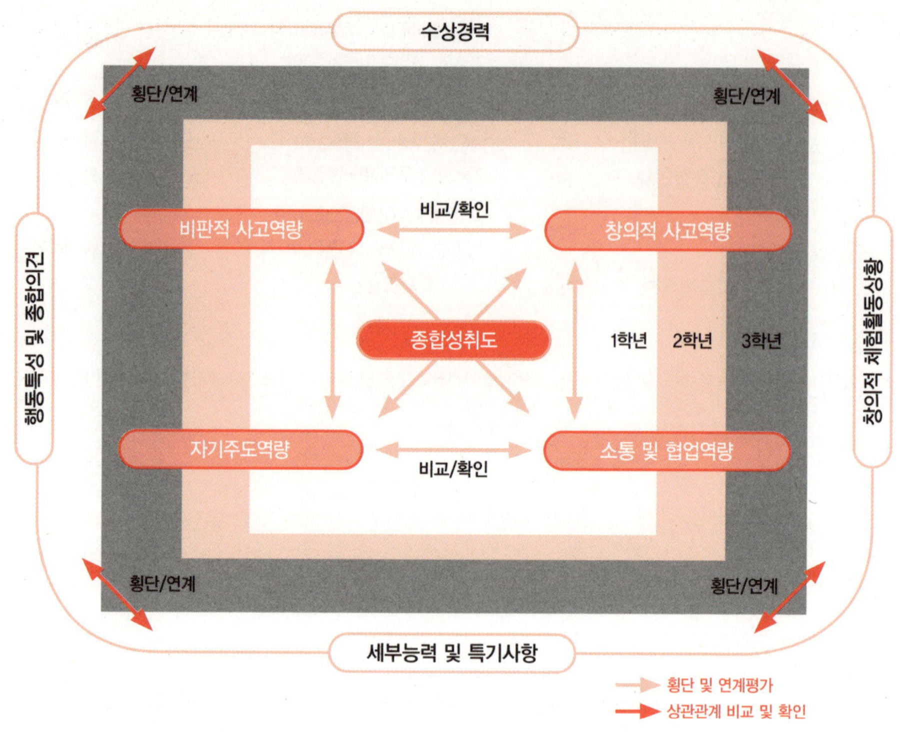

출처 : 2021학년도 한양대학교 수시모집요강

Q&A 4

학생부종합전형은 제출한 서류들을 어떤 평가기준에 의해 평가하나요?

학생부종합전형을 시행하는 전체 228개의 대학별 평가요소 중 약 88.6%인 202건이 적어도 4개 평가요소로 학생을 선발했습니다. 4개 평가요소로는 학업역량(15.8%), 전공적합성(19.7%), 인성(29.8%), 발전가능성(26.8%)이 주요 평가요소입니다. 이 외에도 전형적합성, 학교생활충실도, 학교활동의 우수성 등과 같이 종합적 평가기준을 적용하여 우수한 학생을 선발하고 있습니다. 다음 표에서 주요대학들의 다양한 서류평가 요소들을 확인하기 바랍니다.

학생부종합전형 서류평가 요소(2021기준)

대 학	서류 평가 요소				
	학업역량	전공적합성	인 성	발전가능성	기 타
서울대	학업능력, 지적성취		개인적 특성, 학업 외 소양	지적호기심, 자기주도성, 적극성,열정	
연세대	학업역량	전공적합성	인성	발전가능성	
고려대	학업역량	전공적합성	인성		자기계발의지
성균관대	학업수월성, 학업충실성	전공적합성, 활동다양성		자기주도성, 발전가능성	
한양대	비판적 사고역량	창의적 사고역량	소통 및 협업능력	자기주도역량	
서강대	학업역량		인성	성장가능성	
중앙대	학업역량	전공적합성	인성	발전가능성	통합역량, 탐구역량
이화여대	학업역량			발전가능성	학교활동의 우수성
경희대	학업역량	전공적합성	인성	발전가능성	
한국외대	학업역량	전공적합성	인성	발전가능성	
서울시립대	학업역량		사회역량	잠재역량	
서울교대	학업역량	전공적합성	인성	발전가능성	
경인교대	학업역량	교직 적합성 및 잠재력	교직인성		
건국대(서울)	학업역량	전공적합성	인성	발전가능성	
동국대(서울)	자기주도적 학습능력	전공적합성	인성 및 사회성		지원동기
홍익대	학업역량	전공역량	인성	발전가능성	
숙명여대		전공적합성 및 발전가능성	공동체의식과 협업능력		탐구역량
아주대	학업역량	목표의식	공동체의식, 성실성	자기주도성	모집단위별 인재상
인하대	지성	적성	인성		종합평가

출처 : 대입정보119

Q&A 5

입학사정관에게 좋은 평가를 받기 위해서 반드시 해야 하는 중요한 활동들이 정해져 있나요?

반드시 특정한 활동을 해야 좋은 평가를 받는 것은 아닙니다. 주어진 교육환경 안에서 자기주도적으로 참여하며 학생 중심으로 수업을 활성화하면서 이해한 내용과 다양한 교과활동 이후 검증하거나 궁금증을 해결하기 위해 탐구활동을 하는 발전된 모습, 학생 스스로 선택한 심화과정을 이수한 내용 등을 통해 발전된 모습을 보인다면 좋은 평가를 받을 수 있습니다.

구분	항목	내용
중점 교육 과정	학생 중심 수업 활성화	학생당 학생 수 감축 및 토론식 수업, 거꾸로 수업 활성화 등으로 개별화된 맞춤식 교육
	자연계열 프로그램 강화	과학 동아리 활동–과학교과 활동–실험 및 탐구–관련 수상으로 연계 수업 / 프로젝트 진행
	인문/소양 교육과정 내실화	개인 선택형 심화과정 운영, 인문학 공개강좌 진행, 주제별 반별 토론 기회 제공
심화 교육 과정	인문사회과정	과제연구(사회), 국제 경제, 사회 과학 방법론
		심화 영어, 중국어 회화, 일본어 회화
	자연과학과정	과제연구(과학), 고급 물리, 고급 생명과학, 고급 화학, 고급 지구과학
		고급 수학
방과 후 학교	수준별/선택형 특강 운영	맞춤형 특강으로서 교과 및 비교과 관련 강좌를 학생 선택형으로 진행하며 인문철학 특강, 영미 문학 강독 및 토론회와 수리 논·구술 특강, 과학 탐구수업 등으로 운영
	야간 수월성 수업	개설 요청된 과목에 대해 연중 소그룹 10명 내외 수준별 과정 30강좌 개설 및 운영

출처 : 2020학년도 한양대학교 수시전형안내 플러스 학생부종합

Q&A 6

학생부종합전형에서 서류평가를 할 때 평가요소 간의 반영 비율이 각각 다른가요?

학생부종합전형은 서류평가 시 평가요소 간의 반영비율이 존재하지 않기도 하지만 대학에 따라서는 전형에 따라 서류평가 항목 간 반영 비율을 다르게 하여 전형의 취지에 맞는 우수한 인재를 선발하고자 하기 위함입니다. 대표적인 사례로 동국대와 중앙대의 서류평가 간의 반영비율을 참고하기 바랍니다. 한편 2019년 11월28일 교육부에서 발표한 '대입제도 공정성 강화방안'에 따라 2020년 대부분 대학들이 학생부종합전형 세부평가기준으로 평가항목 및 배점, 평가방식 및 기준 등을 구체적으로 수시요강에 공개를 하고 있습니다.

Do Dream / 불교추천인재 / 고른기회	구분		평가항목	배점
	학교생활 충실도	지원동기	동기의 타당성	10
		자기주도적 학습능력	기초학업역량	25
			학습의 주도성	
		전공적합성	전공수학역량	45
			전공관심도 및 학습경험	
	인성	인성 및 사회성	성실성	20
			역할의 주도성	
	계			100

Do Dream (소프트웨어)	구분		평가항목	배점
	4차 산업혁명 역량	지원동기	동기의 타당성	10
		SW전공적합성	전공수학역량	50
			전공관심도 및 학습경험	
	학교생활 충실도	자기주도적 학습능력	기초학업역량	25
			학습의 주도성	
	인성	인성 및 사회성	성실성	15
			역할의 주도성	
	계			100

	구분		평가항목	배점
학교장 추천인재	학교생활 충실도	지원동기	동기의 타당성	10
		자기주도적 학습능력	기초학업역량	40
			학습의주도성	
		전공적합성	전공수학역량	30
			전공관심도 및 학습경험	
	인성	인성 및 사회성	성실성	20
			역할의 주도성	
	계			100

구분	평가항목	주요사항
지원 동기	동기의 타당성	• 지원동기에 대한 고민의 흔적 및 깊이 • 학교활동과의 연계성을 통한 타당성 파악 • 진로희망의 변경 가능성을 이해하고 평가
자기 주도적 학습능력	기초학업역량	• 기본적인 학업 수학역량 평가 • '교과성적', '세부능력 및 특기사항'을 통한 정성 평가
	학습의주도성	• 수업 참여의 자기주도적 학습태도 • 주도적 활동 참여 및 내용 연계성 • 학년별 최소 2권 이상의 독서활동 권장
전공적합성 / SW전공적합성	전공수학역량	• 전공역량과 관련된 고교 교과의 성취도 파악 • '교과성적', '세부능력 및 특기사항'을 통한 정성 평가
	전공관심도 및 학습경험	• 전공 관련 역량 계발을 위한 교과 및 비교과 활동에 충실한 참여 • 학교 내에서의 관심 분야 탐구 노력 및 경험 • 과제수행 및 발표, 창의적 체험활동 등에서 전공 관심도 표현
인성 및 사회성	성실성	• 출결, 봉사 등을 통한 기본적인 성실성 판단 • 수업 및 창의적 체험활동 등 교내활동 참여의 성실성 및 적극성 파악
	역할의 주도성	• 학교 구성원으로서의 기여도 및 주어진 역할에 대한 책임의식 파악 • 교내생활에서의 적극적인 문제 해결 노력 • 타인과의 소통 및 협력

출처 : 2021학년도 동국대학교 학생부종합전형 가이드북

구분	다빈치형인재, 학교장추천 사회통합, 고른기회	탐구형인재	SW인재
인재상	고교 교육과정 내 학업과 교내 다양한 활동을 통하여 균형적으로 성장한 학생	고교 교육과정을 충실히 이수하고 해당 전공 분야에서 성장할 수 있는 탐구역량을 갖춘 학생	고교 교육과정을 바탕으로 SW 분야의 역량과 자질 및 성장잠재력을 갖춘 학생
평가 모형	제출서류를 근거로 학교생활(교과/비교과)에서 균형적으로 성장한 인재를 선발	제출서류를 근거로 해당 전공(계열) 분야에서 성장할 수 있는 탐구역량을 갖춘 인재를 선발	제출서류를 근거로 SW 분야에서 성장할 수 있는 탐구역량을 갖춘 인재를 선발
	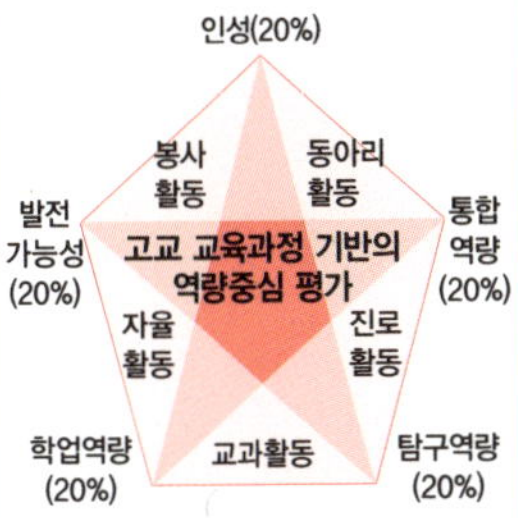 인성(20%) 봉사활동 동아리활동 발전가능성(20%) 고교 교육과정 기반의 역량중심 평가 통합역량(20%) 자율활동 진로활동 학업역량(20%) 교과활동 탐구역량(20%)	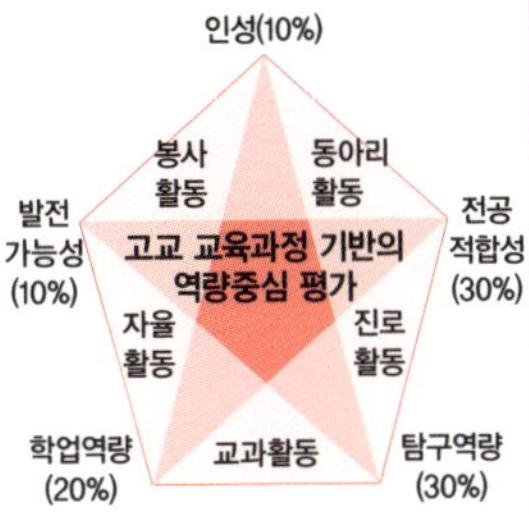 인성(10%) 봉사활동 동아리활동 발전가능성(10%) 고교 교육과정 기반의 역량중심 평가 전공적합성(30%) 자율활동 진로활동 학업역량(20%) 교과활동 탐구역량(30%)	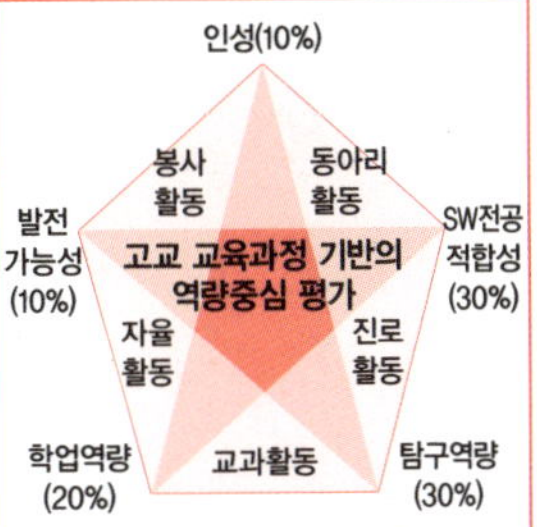 인성(10%) 봉사활동 동아리활동 발전가능성(10%) 고교 교육과정 기반의 역량중심 평가 SW전공적합성(30%) 자율활동 진로활동 학업역량(20%) 교과활동 탐구역량(30%)
요소별 평가 비율	요소별 배점비율에 따라 정성평가 실시 학업역량 20% 탐구역량 20% 통합역량 20% 발전가능성 20% 인성 20%	요소별 배점비율에 따라 정성평가 실시 학업역량 20% 탐구역량 30% 전공적합성 30% 발전가능성 10% 인성 10%	요소별 배점비율에 따라 정성평가 실시 학업역량 20% 탐구역량 30% SW전공적합성 30% 발전가능성 10% 인성 10%

출처 : 2021학년도 중앙대학교 수시 모집요강

Q&A 7

학생부종합전형과 학생부교과전형의 차이는 무엇인가요?

학생부종합전형은 입학사정관 등이 참여하여 학생부를 중심으로 자기소개서, 면접 등을 종합적으로 평가하는 전형으로 서류평가 비율이 50% 이상입니다. 이에 반해 학생부교과전형은 학교생활기록부 교과 성적만을 대학마다 다양한 방식(반영교과, 학년별 반영비율, 등급 간 격차, 이수단위 반영 여부 등)으로 환산해서 선발하는 전형으로 교과 반영비율이 50% 이상이면 교과전형으로 분류됩니다.

대표적으로 고려대학교 학교추천전형은 학생부(교과) 60%+서류 20%+면접 20%로 선발하기에 학생부교과전형으로 분류됩니다. 하지만 고려대학교에서는 서류와 면접이 있기에 학생부종합전형처럼 학생을 선발한다는 것을 알고 있어야 합니다. 따라서 지원하고자 하는 대학의 모집요강을 확인하고 전형을 잘 분석하는 것이 중요합니다.

Q&A 8

학생부종합전형에서 학교 유형에 따라 내신성적을 달리 평가하고 있다고 하는데 사실인가요?

일부 대학에서 지원자 고교 출신 졸업생의 해당대학 진학 현황, 중도탈락률 등이 활용되는 사례가 확인되어 출신학교 정보가 평가 시 활용되었습니다. 따라서 교육부는 2019년 11월 28일 '대입제도 공정성 강화방안' 보도자료를 통해서 고교정보를 블라인드 처리하여 대입전형 전 과정에서 출신학교의 후광효과를 차단하고 학생의 역량과 잠재력이 있는 그대로 평가될 수 있도록 '공통고교정보(학교프로파일)'를 전면 폐지하여 공정한 입시가 되도록 노력하고 있습니다.

Q&A 9

학생부종합전형을 지원할 때 계열별 교차지원이 가능하다고 들었습니다. 교차지원을 할 경우 불리한 점은 없나요?

융합형 인재가 미래사회를 이끌어나가는 인재의 조건이라고 할 수 있습니다. 따라서 계열 간 교차지원을 하더라도 불이익은 없습니다. 다만 계열에 따라 선택한 교과목 이수 여부와 관심 분야에 대한 탐구활동, 대학수학능력 여부를 확인하여 선발할 것입니다. 이러한 부분을 지원자가 스스로 고교생활 기간 동안 지원계열 및 학과에 필요한 역량을 철저하게 준비하여 어필한다면 좋은 평가를 받을 수 있습니다.

Q&A 10

학생부종합전형에서 서류평가의 경우 학교생활기록부의 항목 간 연계성이 중요하다고 하는데 좀 더 구체적으로 설명해 주세요.

입학사정관은 학생이 평상시 단순히 수업을 통한 단편적인 지식을 습득하는 학생인지, 특정교과목에서 습득한 지식이나 이론을 학습도우미나 교과 멘토링을 통한 협력학습을 한 학생인지, 교과 관련 지식을 독서를 통한 사고의 확장이나 수행평가 및 보고서작성을 하면서 참고문헌조사 및 토론을 통한 심화된 탐구활동 등을 하는 학생인지를 확인합니다.

이처럼 지적호기심과 문제해결능력을 엿볼 수 있는 활동들이 학교생활기록부의 항목 간에 자연스럽게 연계됨과 동시에 성장과 변화의 평가기록이 기술되어 있다면, 적극적으로 학교생활을 하고 있다고 생각할 수 있습니다. 즉, 입학사정관은 지식을 교과뿐만 아니라 다양한 활동과 연계하여 적극적인 태도로 임하면서, 남과 더불어 학업능력을 키우는 학생을 선발하기 위해서 항목 간의 연계평가를 하고 있습니다.

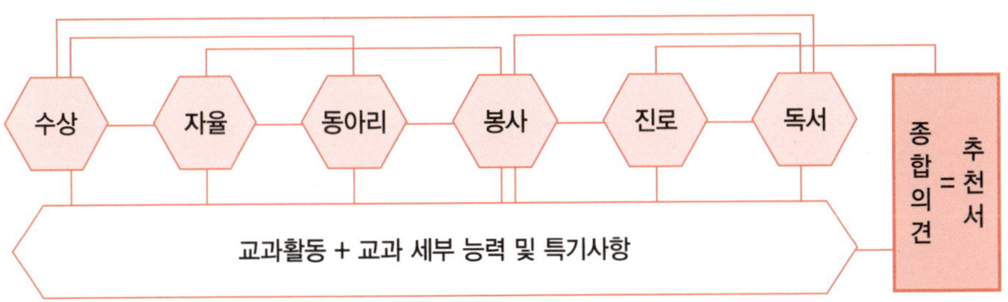

출처 : 학교생활기록부 정보의 재구조화(서울대학교 입학본부)

Q&A 11

특정 대학교에 학생부종합전형이 여러 개 있는 경우에 복수지원도 가능한가요?

대학마다 2개 이상의 학생부종합전형으로 신입생을 선발하기도 합니다. 이런 경우 지원자격, 모집단위(학과), 전형방식 등의 차이점을 통해서 지원자에게 유리한 전형인지 유불리를 확인해야 합니다. 특히 동일대학의 학생부종합전형 내에서도 복수지원 여부까지 확인해 볼 필요가 있습니다.

다음의 연세대학교 2021학년도 수시전형의 경우 지원자격에 해당이 된다면 총 6번의 지원자격이 가능합니다. 다만 학생부종합전형에서는 활동우수형, 국제형, 기회균형 3가지 전형 중에서 1번만 지원이 가능합니다.

수시모집					
정원 내				정원 외	
학생부 위주		논술 위주	실기/실적 위주	학생부 위주	
학생부종합전형		논술위주	특기자전형	시스템반도체 특별전형	고른기회전형
면접형 (523)	활동우수형 (768) 국제형 (293) 기회균형 (80)	논술전형 (384)	국제인재 (125) 체육인재 (38)	시스템반도체 특별전형(40)	연세한마음학생 (80) 농어촌학생 (50) 특수교육대상자 (15) 북한이탈주민 (약간명)
1,664명		384명	163명	40명	145명

출처 : 2021학년도 연세대학교 수시요강

Q&A 12

수시전형에서 학생부종합전형은 지원자격이 별도로 설정되어 있나요?

대부분의 학생부종합전형은 지원자격에 특별한 요구를 하지 않으며, 고3인

졸업예정자와 졸업연도의 제한이 없이 기존 졸업자들도 대부분 지원이 가능하도록 되어있습니다. 다만 특별한 지원자격을 별도로 요구하는 전형들이 있는데 특히 학교장의 추천을 받는 학생만 지원할 수 있는 학생부종합전형이 있습니다. 서울 주요대학들 가운데 학교장추천전형에서 학교별 추천인원, 지원자격, 수능 최저등급에 대해 알아보겠습니다. 물론 대학에 따라서 학교장 추천인원 수를 제한을 둔 학교와 추천만 받으면 지원가능한 대학으로 구분될 수 있습니다.

다음 표는 학교장 추천인원수 제한을 둔 서울지역 주요대학들의 학교장추천 전형인데 고려대(학교추천), 중앙대(학교장추천), 이화여대(고교추천)는 학생부교과 방식이 50% 이상이며 학생부종합전형이 아니라 학생부교과전형임을 유의하기 바랍니다.

대학	세부 유형	전형	모집 인원	전형 방법(%)	추천 인원 & 지원자격	수능최저 학력기준
서울대	종합	지역균형 선발	756	서류70+면접30	2명 & 졸업예정자	0
연세대	종합	면접형	523	①교과40+서류60(3배수) ②1단계40+면접60	3학년 재적 수의 3% & 졸업자, 졸업예정자	X
고려대	교과	학교추천	1,158	학생부교과60+서류20 +면접20	3학년 재적 수의 4% & 졸업자, 졸업예정자	0
가톨릭대	종합	학교장추천 (의예과)	40	①서류100(3배수) ②서류70+면접30	1명 (의예과) & 졸업예정자	0
중앙대	교과	학교장추천	170	학생부교과60+서류40	4명(서울캠 최대 3명) & 졸업예정자	X
이화여대	교과	고교추천	370	학생부교과80+면접20	5명 & 재수생까지	X
경희대	종합	고교연계	750	학생부교과30+서류70	6명(인문 2명, 자연 3명, 예술·체육 1명) & 졸업예정자	X
동국대	종합	학교장 추천인재	390	서류100	5명(인문, 자연 각 3명 이내) & 졸업자, 졸업예정자	X

출처 : 2021학년도 학교장추천전형 (일부대학)

Q&A 13

고교 환경에 따라 교육환경이 매우 다양한데 이러한 부분들을 어떻게 대학에서 평가하나요?

대학에서는 학생들이 선택한 고교의 교육환경이 다양할 수밖에 없음을 매우 잘 이해하고 있습니다. 더욱 중요한 평가는 지원자가 속한 교육환경의 양적 혹은 질적 수준이 아닌 소속고교에서 제공되는 교육프로그램에 어떤 기준을 가지고 선택하고 개인적인 노력을 하였으며, 이러한 활동 속에서 유의미한 성장과 변화가 지속적으로 이루어졌는지를 서류를 통해서 평가하려 한다는 점이 매우 중요합니다.

대학에서 공개되는 대부분의 '학생부종합전형 기이드북'에 유사한 질문에 대한 답변들이 제시되어 있으므로 참고하기 바랍니다.

Q&A

[질문] 학교 상황에 따라 대회, 행사, 교육과정 간 차이가 발생하는데, 이를 평가에 어떻게 반영하나요?

[답변] 대학은 학교 프로그램을 평가하는 것이 아니라 학생을 평가합니다. 중요한 것은 학생이 어떤 교육환경에서 어떻게 성장했는가 하는 점입니다. 대부분의 고등학생이 본인의 선택만으로 자신의 고등학교를 결정할 수 없다는 것을 평가자는 잘 알고 있습니다. 그렇기에 학생부종합전형에서는 지원자의 교육환경 자체가 아니라, 지원자가 주어진 환경 속에서 어떤 선택과 노력을 했고, 그 결과 어떤 성취를 보였는가가 중요한 평가기준이 됩니다. 소속 학교에 좋은 교육 프로그램이 개설돼 있고 그 프로그램에 지원자가 참여했다는 것이 학생에 대한 우수한 평가로 이어지지는 않습니다. 그 프로그램에 참여하면서 어떻게 노력하고 어떻게 성장했는지가 중요합니다. 열악한 환경에 처한 학생이라면 주어진 환경에도 불구하고 자기주도적으로 어떤 노력을 했는가를 평가합니다.

예를 들어 물리학 기초가 필요한 전공에 지원한 학생들이 물리Ⅰ·Ⅱ를 이수하면 평가에 긍정적인 영향을 미칠 수도 있습니다. 그러나 학교에 물리Ⅱ 과목이 개설되지 않아 그 과목을 이수하지 못하는 경우도 있습니다. 그럴 때는 지원자 스스로 대학에서 수학할 수 있는 능력을 갖추고자 어떤 노력을 했는지 살펴봅니다. 독서활동을 할 수도 있고 스터디그룹을 만들어 심화공부를 시도해볼 수도 있으며 학교나 교육청에서 개설한 클러스터, 소인수과목, 온라인 수업 등을 활용할 수도 있습니다.

학생부종합전형 평가는 학생이 어떤 동기나 계기를 갖고 어떤 프로그램에 참여해 자기주도적으로 어떤 활동을 했으며 어떻게 성장했는지를 중점적으로 살펴봅니다.

출처 : 경희대 2020 Q&A로 풀어보는 학종 가이드북

Q&A 14

올해부터 고교 모든 학년이 2015개정교육과정에 해당된다고 하는데 학생부종합전형 지원자들에게 어떤 의미가 있나요?

'공통과목'을 통해 기초 소양을 함양한 후 학생 각자의 적성과 진로에 따라 맞춤형으로 과목을 선택하여 들을 수 있도록 기회를 제공하고 있습니다. '일반 선택과목'은 교과별 주요 학습 영역을 일반적인 수준에서 기본적 이해를 바탕으로 수업하고 있으며, '진로 선택과목'은 교과 융합학습, 진로 안내학습, 교과별 심화학습, 실생활 체험학습 등이 가능하도록 구성하였습니다. 특히 학생부종합전형 지원자들의 경우에는 고교입학 직후 소속고교에 개설되어 있는 과목들의 현황 및 교육운영방식을 제대로 이해하고 본인의 진로와 위계질서에 맞는 과목을 선택하기 바랍니다.

【 2015 개정 교육과정의 편제 】

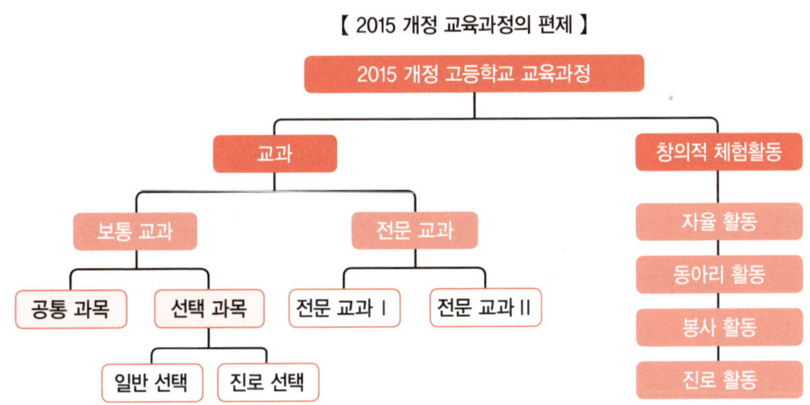

교과 영역	교과(군)	공통과목	선택 과목	
			일반선택	진로선택
기초	국어	국어	화법과 작문, 독서, 문학, 언어와 매체	실용국어, 심화국어, 고전읽기
	수학	수학	수학Ⅰ, 수학Ⅱ, 미적분, 확률과 통계	실용수학, 기하, 경제수학, 수학과제 탐구
	영어	영어	영어회화, 영어Ⅰ, 영어Ⅱ, 영어 독해와 작문	실용영어, 영어권 문화, 진로영어, 영미 문학읽기
	한국사	한국사		
탐구	사회	통합사회	한국지리, 세계지리, 세계사, 동아시아사, 경제, 정치와 법, 사회문화, 생활과 윤리, 윤리와 사상	여행지리, 사회문제 탐구, 고전과 윤리
	과학	통합과학 과학탐구 실험	물리학Ⅰ, 화학Ⅰ, 생명과학Ⅰ, 지구과학Ⅰ	물리학Ⅱ, 화학Ⅱ, 생명과학Ⅱ, 지구과학Ⅱ, 과학사, 생활과 과학, 융합과학
체육 예술	체육		체육, 운동과 건강	
	예술		음악, 미술, 연극	
생활 교양	기술·가정		기술·가정, 정보	
	제2외국어		독일어Ⅰ, 일본어Ⅰ, 프랑스어Ⅰ, 러시아어Ⅰ, 스페인어Ⅰ, 아랍어Ⅰ, 중국어Ⅰ, 베트남어Ⅰ	독일어Ⅱ, 일본어Ⅱ, 프랑스어Ⅱ, 러시아어Ⅱ, 스페인어Ⅱ, 아랍어Ⅱ, 중국어Ⅱ, 베트남어Ⅱ
	한문		한문Ⅰ	한문Ⅱ
	교양		철학, 논리학, 심리학, 교육학, 종교학, 진로와 직업, 보건, 환경, 실용경제, 논술	공학일반, 창의경영, 지식재산일반

Q&A 15

학생부종합전형 지원자 입장에서 진로선택 과목은 어떻게 선택하면 좋을까요?

교과군별 진로선택과목을 확인할 수 있으며 계열별로 어떤 과목을 선택하여 학습하면 좋은지 다음의 전라남도 교육청에서 나온 '대학전공선택 길라잡이' 자료집을 통해서 사전에 확인할 수 있습니다. 특히 2022학년도부터 진로선택과목이 등급이 아닌 성취도로 평가되어 추후 학생부종합전형을 선발하는 대학마다 진로선택과목에 대한 평가를 어떻게 할지에 대한 다양한 기준들을 확인하기 바랍니다.

[인문계열] 국어·국문학과 진학에 도움이 되는 교과

교과 영역	교과(군)	공통과목	선택과목	
			일반선택	진로선택
기초	국어	국어	화법과 작문, 문학, 언어와 매체, 독서	심화 국어, 고전 읽기
	수학	수학	수학Ⅰ, 수학Ⅱ, 확률과 통계	
	영어	영어	영어Ⅰ, 영어Ⅱ, 영어 독해와 작문, 영어 회화	영미문학읽기
	한국사	한국사		
탐구	사회 (역사, 도덕)	통합사회	한국지리, 세계지리, 세계사, 동아시아사, 사회·문화, 윤리와 사상	사회문제 탐구, 고전과 윤리
	과학	통합과학 과학탐구 실험		과학사, 생활과 과학
생활 교양	생활 교양		제2외국어Ⅰ, 한문Ⅰ, 철학, 논리학, 심리학, 논술	제2외국어Ⅱ, 한문Ⅱ

[사회계열] 경영학과 진학에 도움이 되는 교과

교과 영역	교과(군)	공통과목	선택과목	
			일반선택	진로선택
기초	국어	국어	화법과 작문, 문학, 언어와 매체, 독서	심화 국어, 고전 읽기
	수학	수학	수학Ⅰ, 수학Ⅱ, 미적분, 확률과 통계	
	영어	영어	영어Ⅰ, 영어Ⅱ, 영어 회화, 영어 독해와 작문	진로 영어
	한국사	한국사		
탐구	사회 (역사, 도덕)	통합사회	경제, 정치와 법, 사회·문화	사회문제 탐구
	과학	통합과학 과학탐구 실험		

생활 교양			제2외국어Ⅰ, 한문Ⅰ, 논술	

[자연계열] 생명과학과 진학에 도움이 되는 교과

교과 영역	교과(군)	공통과목	선택과목	
			일반선택	진로선택
기초	국어	국어	화법과 작문, 독서, 언어와 매체, 문학	
	수학	수학	수학Ⅰ, 수학Ⅱ, 미적분, 확률과 통계	기하
	영어	영어	영어 회화, 영어Ⅰ, 영어 독해와 작문, 영어Ⅱ	
	한국사	한국사		
탐구	사회 (역사, 도덕)	통합사회		
	과학	통합과학 과학탐구 실험	물리Ⅰ, 화학Ⅰ, 생명과학Ⅰ, 지구과학Ⅰ	물리Ⅱ, 화학Ⅱ, 생명과학Ⅱ
생활 교양			제2외국어Ⅰ, 한문Ⅰ	

[공학계열] [기계공학과 진학에 도움이 되는 교과]

교과 영역	교과(군)	공통과목	선택과목	
			일반선택	진로선택
기초	국어	국어	화법과 작문, 문학, 언어와 매체, 독서	
	수학	수학	수학Ⅰ, 수학Ⅱ, 미적분, 확률과 통계	기하, 수학과제탐구
	영어	영어	영어Ⅰ, 영어Ⅱ, 영어 독해와 작문, 영어 회화	
	한국사	한국사		

탐구	사회 (역사, 도덕)	통합사회		
	과학	통합과학 과학탐구 실험	물리 I, 화학 I	물리II, 화학II
생활 교양			제2외국어 I, 한문 I 정보	공학일반, 창의경영, 지식재산일반

출처 : 대학전공선택 길라잡이_전라남도 교육청

PART 2

학교생활기록부의 이해

2020 학교생활기록부 기재방식은 어떻게 바뀌었는가

Q&A 16

학교생활기록부는 담임선생님만 기록이 가능한가요? 아니면 항목별로 입력하는 담당선생님이 별도로 계신가요?

항목별로 기록할 수 있는 담당자가 따로 지정되어 있습니다. 물론 담임교사가 기록 가능한 부분이 많이 있으니 선생님과 좋은 관계를 형성하는 것이 중요합니다. 특히 한 명의 담임교사가 30명 정도 학생의 모든 내용을 파악하기는 어려우므로 2020학년도 학생부 기재요령에 따르면 자기평가, 동료평가, 수행평가 결과물, 소감문, 독후감을 활용하여 학생의 개별화된 내용을 입력할 수 있도록 하였습니다.

<table>
<tr><th colspan="2">항 목</th><th>입력 주체</th><th>비 고</th></tr>
<tr><td colspan="2">출결상황 특기사항</td><td>학급담임교사</td><td></td></tr>
<tr><td colspan="2">진로희망사항</td><td>학급담임교사</td><td>2020학년도 3학년 적용</td></tr>
<tr><td rowspan="3">창의적
체험활동상황
영역별 특기사항</td><td>자율활동·진로활동</td><td>학급담임교사</td><td></td></tr>
<tr><td>봉사활동</td><td>학급담임교사</td><td>2020학년도 3학년 적용</td></tr>
<tr><td>동아리활동</td><td>지도교사</td><td></td></tr>
<tr><td rowspan="2">교과학습발달상황</td><td>과목별
세부능력 및
특기사항</td><td>교과담당교사</td><td rowspan="2">• 방과후학교 교육활동의 경우 2020학년도 3학년 적용
• 학점제를 적용받는 산업수요 맞춤형 고등학교(2020학년도 1학년부터 순차적 적용)의 경우, 과목별 최소 성취수준 미도달에 따른 보충학습 과정 이수 내역 입력</td></tr>
<tr><td>개인별
세부능력 및
특기사항</td><td>학급담임교사</td></tr>
<tr><td colspan="2">독서활동상황</td><td>교과담당교사,
학급담임교사</td><td></td></tr>
<tr><td colspan="2">행동특성 및 종합의견</td><td>학급담임교사</td><td></td></tr>
</table>

출처 : 2020학년도 학교생활기록부 기재요령_교육부

Q&A 17

2020년 학교생활기록부 기재방식이 변경되었는데, 학년별 변경내용을 알려주세요.

올해 대입수시전형을 지원하는 2021학년도 고3은 작년과 학생부기재요령이 동일하며 2022학년도(고2)와 2023학년도(고1)의 경우 학교생활기록부 항목 축소 및 기재변경에 유의하기 바랍니다. 그리고 2024학년도(중3)의 경우 자기소개서가 폐지됨과 동시에 학교생활기록부 역시 교육과정 외에 모든 비교과활동은 학교생활기록부에서 삭제되어 항목별로 기재가 다시 변경됨을 확인하기 바랍니다.

학생부 주요항목 내 비교과 영역(요소) 개선 현황

구분		현 고3 (2021학년도 대입)	현 고1~고2 (22~23학년도 대입)	현 중3 (24학년도 대입)
① 교과활동		• 과목당 500자	• 과목당 500자 • 방과후학교 활동(수강) 내용 미기재	• 과목당 500자 • 방과후학교 활동(수강) 내용 미기재 • 영재·발명교육 실적 대입 미반영
② 종합의견		• 연간 500자	• 연간 500자	• 연간 500자
③ 비교과영역	자율활동	• 연간 500자	• 연간 500자	• 연간 500자
	동아리활동	• 연간 500자 • 정규·자율동아리, 청소년단체활동, 스포츠클럽활동 기재 • 소논문 기재 가능	• 연간 500자 • 자율동아리는 연간 1개(30자)만 기재 • 청소년단체활동은 단체명만 기재 • 소논문 기재 금지	• 연간 500자 • 자율동아리 대입 미반영 • 청소년단체활동 미기재 • 소논문 기재 금지
	봉사활동	• 연간 500자 • 실적 및 특기사항	• 특기사항 미기재 • 교내·외 봉사활동실적 기재	• 특기사항 미기재 • 개인봉사활동 실적 대입 미반영 단, 학교교육계획에 따라 교사가 지도한 실적은 대입 반영
	진로활동	• 연간 700자	• 연간 700자 • 진로희망 분야 대입 미반영	• 연간 700자 • 진로희망 분야 대입 미반영

	수상경력	• 모든 교내수상	• 교내수상 학기당 1건만(3년간 6건) 대입 반영	• 대입 미반영
	독서활동	• 도서명과 저자	• ·도서명과 저자	• 대입 미반영

※ (미기재) 학생부에서 삭제, (미반영) 학생부에는 기재하되, 대입자료로 미전송

출처 : 대입제도 공정성 강화 방안_교육부

Q&A 18

학교생활기록부 작성에 기재할 수 없는 항목들이 궁금합니다.

학생부종합전형은 학교장의 승인으로 학교에서 제공되는 교육프로그램을 통해서 활동한 내용들을 평가하고자 하는 전형이기 때문에 무분별한 교외활동에 대한 기록을 철저하게 배제하고 있습니다. 교육부의 2020학교생활기록부 기재요령에서 학생부 기재 금지사항들을 확인하기 바랍니다.

가. 각종 공인어학시험 참여 사실과 그 성적 및 수상 실적

【기재불가 공인어학 시험】
영어(TOEIC, TOEFL, TEPS), 중국어(HSK), 일본어(JPT, JLPT), 프랑스어(DELF, DALF), 독일어(ZD, TESTDAF, DSH, DSD), 러시아어(TORFL), 스페인어(DELE), 상공회의소한자시험, 한자능력검정, 실용한자, 한자급수자격검정, YBM 상무한검, 한자급수인증시험, 한자자격검정
– 대학교육협의회, 자기소개서·교사추천서 유의사항 –

나. 교과·비교과 관련 교외대회 참여 사실과 그 성적 및 수상 실적*
  * 학교장의 참가 허락을 받아 참여한 각종 교외대회에서의 수상실적도 기재 불가함.
다. 교외 기관·단체(장) 등에게 수상한 교외상(표창장, 감사장, 공로상 등도 기재 불가함)
라. 교외 인증시험 참여 사실이나 그 성적
마. 모의고사·전국연합학력평가 성적(원점수, 석차, 석차등급, 백분위) 및 관련 교내 수상실적
바. 논문을 학회지 등에 투고 또는 등재하거나 학회 등에서 발표한 사실
사. 도서출간 사실
아. 지식재산권(특허, 실용신안, 상표, 디자인) 출원 또는 등록 사실
자. 어학연수, 봉사활동 등 해외 활동실적 및 관련 내용
차. 부모(친인척 포함)의 사회·경제적 지위(직종명, 직업명, 직장명, 직위명 등) 암시 내용
카. 장학생·장학금 관련 내용
타. 구체적인 특정 대학명, 기관명*, 상호명, 강사명** 등

【참고】

* 기관명

– 교육관련기관(교육부 및 소속기관*, 시도교육청 및 직속기관·교육지원청 및 소속기관**에 한함)의 경우 기관명을 입력할 수 있음.

* 교육부 소속기관 : 대한민국학술원, 국사편찬위원회, 국립국제교육원, 국립특수교육원, 교원소청심사위원회, 중앙교육연수원(총 6개 기관)

** 시도교육청 및 직속기관·교육지원청 및 소속기관 : [참고자료 5] 참조

– 봉사활동 실적의 '장소 또는 주관기관명'에는 구체적인 장소 또는 주관기관명을 입력함.

** 강사명

– 특정 강사명은 강사로 활동하고 있는 사람 모두를 지칭하는 것이 아니라, 학생들이 참여한 강의(또는 교육활동)의 강사를 말함.

출처 : 2020학년도 학교생활기록부 기재요령_교육부

Q&A 19

학교생활기록부가 매년 변경되는 이유가 궁금합니다. 또한 변경내용은 모든 학년 동일하게 적용되나요?

학교생활기록부 작성은 특히 입력 주체인 고교현장 교사들의 다양한 의견들을 반영하고 있습니다. 그리고 교육부에서 대학교의 학생부종합전형 평가에 대한 심사를 통해서 학교생활기록부의 공정한 신뢰도를 높일 수 있는 방안들에 대한 의견들을 수렴해서 개선하는 방안을 사전에 예고하거나 매년 2월에 '학교생활기록부 기재요령'으로 발표합니다.

특히 2022대입개편 및 작년 대입공정성 강화 관련 보도자료를 통해서 예년보다 학교생활기록부에 많은 내용들의 변화를 발표하였으며, 변경내용들이 적용되는 해당 학년을 반드시 확인하기 바랍니다.

「2018 학교생활기록부 신뢰도 제고방안」에 따른 학교생활기록부 개선 과제별 적용 시기

추천내용	적용 대상	적용 시기		
		2019	2020	2021
1. 학교생활기록부 기재 항목 및 요소 정비를 통한 신뢰도 제고				
[1] 학교생활기록부 기재 항목 정비				
• 인적사항의 부모정보 및 특기사항 삭제, 학적사항과 항목 통합 • 진로희망사항 항목 삭제	초·중·고	초1~6 중1 고1	→ 중1~2 고1~2	→ 중1~3 고1~3
• 상급학교 진학 시 제공 수상경력 개수 제한	중·고	중1 고1	중1~2 고1~2	중1~3 고1~3
• 자격증 및 인증 취득상황 대입 활용자료로 미제공	고	고1	고1~2	고1~2 고1~3
[2] 학교생활기록부 기재 요소 정비				
• 자율동아리, 소논문, 청소년단체활동, 학교스포츠클럽활동, 방과후학교 기재범위 변경 • 봉사활동 특기사항 미기재(행동특성 및 종합의견 기재)	초·중·고	초1~6 중1 고1	→ 중1~2 고1~2	→ 중1~3 고1~3
• (창체 진로활동 내) 진로희망 상급학교 활용자료로 미제공	중·고	중1 고1	중1~2 고1~2	중1~3 고1~3
[3] 학교생활기록부 관리 및 기타				
• 학교생활기록부 보존기간 및 출결용어 조정 • 창의적 체험활동상황 자율활동·동아리활동·진로활동 및 행동 특성 및 종합의견 누가기록 작성·관리 방법 변경	초·중·고	초1~6 중1~3 고1~3	→	→
2. 학교생활기록부 기재 격차 완화				
[1] 서술식 기재영역 분량 축소				
• 창의적 체험활동상황 영역별 특기사항(봉사활동·동아리활동 제외), 행동특성 및 종합의견 입력 글자수 축소*	초·중·고	초1~6 중1~3 고1~3	→	→

출처 : 2020학년도 학교생활기록부 기재요령_교육부

* 2020학년도 중·고등학교 3학년의 경우, 봉사활동 특기사항은 이전과 동일하게 기록함.

Q&A 20

학교생활기록부 기록 마감 시기는 언제인가요?

'학교생활기록 작성 및 관리지침'에 잘 설명되어 있습니다. '1학년은 입학일부터 학년말, 2학년은 3월 1일부터 학년말, 3학년은 3월 1일부터 졸업일까지를 기준으로 입력하며 1학기는 8월 말까지, 2학기는 2월 말까지 입력이 가능'합니다. 하지만 2020년은 온라인 개학으로 인한 개학연기로 1학기 마감시기가 기존 8월 31일에서 9월 16일로 연기되었습니다. 또한 학교사정에 따라 학교생활기록부 마감의 구체적인 일정은 다를 수 있습니다. 반드시 소속 고등학교에서 확인하기 바랍니다.

Q&A 21

학교생활기록부는 글자수 단위로 입력되나요? 바이트단위로 입력되나요?

'학교생활기록 작성 및 관리지침'에 따르면 '글자수' 단위로 입력됩니다. 그런데 한글 1자를 입력할 경우 3바이트가 필요합니다. 따라서 진로활동 700자는 2,100바이트, 자율활동, 동아리활동, 봉사활동 그리고 과목별 세부능력 및 특기사항의 경우 500자는 1,500바이트 입력이 가능합니다. 그래서 500자의 경우는 대략 한글로 600자 내외로 입력이 가능합니다. 단, 고1, 고2 학생은 2020년부터 봉사활동 특기사항 항목이 삭제되었습니다.

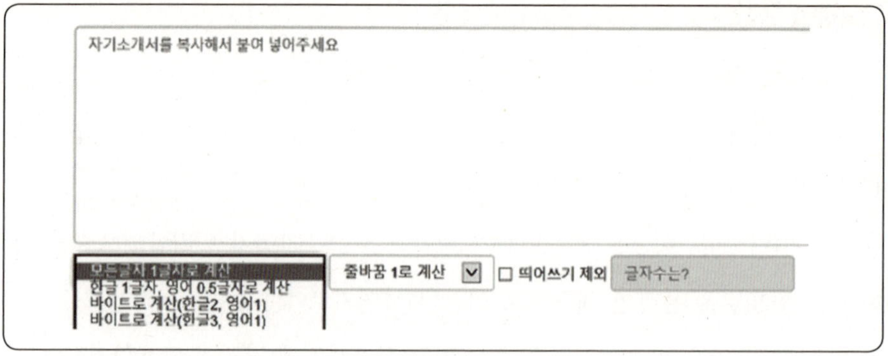

자기소개서를 복사해서 붙여 넣어주세요

모든글자 1글자로 계산
한글 1글자, 영어 0.5글자로 계산
바이트로 계산(한글2, 영어1)
바이트로 계산(한글3, 영어1)

줄바꿈 1로 계산 ☐ 띄어쓰기 제외 글자수는?

출처 : 글자수세기 / http://www.kidols. net/

학교생활기록부 영역별 입력 가능 최대 글자수

영 역	세부항목	최대 글자수 (한글 기준)	비 고
1. 인적사항	학생 성명	20자	영문 60자
	학부모 성명	15자	영문 55자
	주소	300자	
	특기사항	500자	
2. 학적사항	특기사항	500자	
3. 출결상황	특기사항	500자	
4. 수상경력	수상명	100자	
	참가대상(참가인원)	25자	
5. 자격증 및 인증 취득상황	명칭 또는 종류	100자	고등학교만 해당
6. 진로희망사항*	희망사유	200자	2020학년도 3학년에 한함
7. 창의적 체험활동상황*	자율활동 특기사항	500자	
	동아리활동 특기사항	500자	
	봉사활동 특기사항	–	2020학년도 3학년의 경우 500자
	진로활동 특기사항	700자	
	봉사활동실적 활동내용	250자	

8. 자유학기활동*	진로탐색활동 특기사항	1,000자	중학교만 해당
	주제선택활동 특기사항	1,000자	
	예술·체육활동 특기사항	1,000자	
	동아리활동 특기사항	1,000자	
9. 교과학습발달상황*	일반과목 세부능력 및 특기사항	과목별 500자	고등학교 전문교과II 능력단위별 500자
	체육·예술과목 세부능력 및 특기사항	과목별 500자	고등학교는 일반선택 과목에 한함
	개인별 세부능력 및 특기사항	500자	
	개인별 특기사항	500자	
10. 독서활동상황*	공통	500자	
	과목별	250자	
11. 행동특성 및 종합의견*	행동특성 및 종합의견	500자	
12. 전공·과정	1학기	60자	부전공 30자 이내 세부전공 30자 이내 복수전공 30자 이내
	2학기	60자	부전공 30자 이내 세부전공 30자 이내 복수전공 30자 이내
	비고	250자	고등학교

출처 : 2020학년도 학교생활기록부 기재요령_교육부

*: 최대 글자수 기준은 학년 단위임.

※2019학년도 중·고등학교 1학년부터 '개인별 세부능력 및 특기사항'과 '개인별 특기사항'은 '개인별 세부능력 및 특기사항'으로 통합됨(각 500자 → 통합 500자).

※교육정보시스템에서 입력 글자의 단위는 Byte이며, 한글 1자는 3Byte, 영문·숫자 1자는 1Byte, 엔터(Enter)는 2Byte임.

Q&A 22

올해 온라인 개학으로 인해서 학교생활기록부 기재에 어려움이 있지 않을까요?

학생의 수행과정 및 결과를 직접 확인할 수 있는 경우, 이를 평가하거나 학생부에 기재할 수 있습니다. 다만 학생이 과제물을 직접 수행하였는지 확인이 어려울 경우, 이를 직접 평가하거나 학생부에 기재하지 않습니다. 또한 등교개학

이후 수행 과제물 등을 수업 또는 평가에 활용하여 직접 관찰 확인한 경우, 과제물 자체를 평가하지는 않으나 등교수업 내 학생이 보여준 성취도, 태도, 참여도, 수행 역량 등을 평가하거나 기록할 수 있습니다. 따라서 원격수업 중 교사의 직접 관찰이 가능한 경우 학생의 수행과정 및 결과에 대해 기재할 수 있으며, 이때 학교는 공정성이 확보될 수 있도록 해야 합니다.

예시 1) 원격수업 시 채팅 등으로 토론한 내용을 바탕으로 등교수업에서 3:3 토론을 진행하고, 토론활동에서 관찰한 학생의 논지, 태도 등을 평가하거나 학생부에 기재

예시 2) 원격수업 중 작성한 실험 계획서를 바탕으로 등교수업에서 실험을 실시하고, 실험 중 교사가 관찰·확인한 학생의 이해도 등을 평가하거나 학생부에 기재

출처 : 원격수업 출결평가기록 가이드라인 (교육부)

PART 3

학교생활기록부 항목별 기재방식

자율활동의 내용을 기록할 때 어떻게 하면 자신만의 개별적인 특성을 나타낼 수 있는가

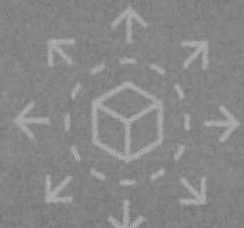

Q&A 23

서류평가를 할 때 인적사항과 학적사항은 어떻게 활용되나요?

2020년부터 인적사항은 블라인드 평가로 학교 및 인적사항은 확인할 수 없게 됩니다. 다만 학적사항에서는 재적상태와 특기사항에 나타나는 전출입 내용, 학교폭력 기재사항, 퇴학 처분 등을 파악합니다. 대부분의 학생들은 전출입 내용 외에 특별한 사항이 기재되는 경우가 거의 없습니다. 다만 전출입 사항은 그 사유(거주지 이동, 학교폭력 등)와 지원자의 교육환경 변화에 주목하여 다른 영역 평가 시 참고합니다. 예를 들어 전출입 이전과 이후 지원자의 학업역량 변화, 관심 분야의 변화 등을 확인할 수 있습니다. 한편 2020년부터 고1, 고2 학년부터 2개 항목이 '인적학적사항'으로 통합되었습니다.

Q&A 24

자사고나 특목고에서 일반고로 전학을 가게 되면 불이익은 없나요?

학생부종합전형평가는 학생의 교육환경과 상황을 고려한 평가이기 때문에 전학으로 인한 불이익은 없습니다. 다만 학교환경 변화에 따른 사유와 새롭게 전학을 간 고교에서의 적응에 대한 소명의 내용을 확인할 수는 있습니다.

Q&A 25

학교폭력 관련 조치를 받아 기록이 남아 있으면 불이익이 있나요?

부정적 평가를 받을 수 있지만 무조건 부정적 평가를 받는 것은 아닙니다. 그런 조치를 받은 이유와 이후 자신의 잘못을 반성하여 다른 친구와 원만한 관계를 유지하면서 단점을 보완하였다면, 충분히 긍정적으로 평가됩니다. 단, 변화된 모습이 창의적 체험활동상황이나 행동특성 및 종합의견의 기록으로 근거가 남아있다면 충분히 소명이 될 수 있습니다.

2018년 02월 05일 ○○중학교 제3학년 졸업 2018년 03월 04일 ○○고등학교 제1학년 입학	
특기사항	학교폭력예방 및 대책에 관한 법률 제17조 제3호에 따라 학교에서의 봉사 조치를 받음(2018.05.25.)

※2021학년도 평가 시 고교명은 블라인드 처리됩니다.

출처 : 2021학년도 동국대 학생부종합전형 가이드북

Q&A 26

외국에서 귀국하여 편입학(상급학년 재취학)한 경우 학교생활기록부는 어떻게 기록되나요?

유학(미인정 유학 포함) 후 편입학(재취학)한 학생의 경우 편입학(재취학) 이전의 성적란은 공란입니다. 그러나 귀국학생의 취학 이전의 국내 성적이 있는 경우에는 이를 인정할 수 있습니다. 또한 귀국학생 등이 편입학(재취학)하는 경우 해당 학년의 수학 가능성을 인정한 것이므로, 당해학년도 '수업일수의 3분의 2 이상' 미달하여도 해당학년 수료에 영향을 받지 않습니다. 학적 변동일부터 수업일수에 더해서 기록하면 됩니다. 이전 학교에서 어떤 능력을 발휘하며 생활했는지 확인할 수 없기에, 국내학교에서 다양한 활동을 하면서 '특기사항'란에 학생이 이전 학교에서 이룬 능력이 드러날 수 있도록 기록되어야겠습니다. 부족한 부분이나 궁금한 내용이 있다면 스스로 찾아보고, 질문하며 해결하는 모습을 보여준다면, 좋은 평가를 받을 수 있습니다.

〈예시〉 의무교육 대상자가 미인정 유학으로 정원 외 학적관리가 된 경우

학년	수업일수	결석일수			지각			조퇴			결과			특기사항
		질병	미인정	기타	질병	미인정	기타	질병	미인정	기타	질병	미인정	기타	
		20						8						교통사고입원 (20일)
														개근
			64											미인정유학

※ '미인정유학'의 경우 정원 외 학적관리의 사유를 나타내는 것으로 출결상황의 특기사항에만 그 내용을 입력함.

출처 : 2020학년도 학생부 기재요령_교육부

<출결상황>

Q&A 27

원격수업 유형별로 세부적인 출석 인정 기준은 어떻게 되나요?

실시간 쌍방향 중심 수업은 교사가 직접 실시간으로 출석을 확인합니다. 콘텐츠 활용 중심 수업과 과제 수행 중심은 LMS(학습관리시스템) 등을 활용하여 진도율, 접속 기록 등으로 확인합니다. 다만, 불가피하게 수업에 참여하지 못한 학생을 위해 과제물 제출, SNS, 유선전화 등을 통해 대체 확인하거나, 각 교과별 대체 프로그램 이행 결과를 근거로 출석 처리합니다.

※ (예시) 서면 학습자료 및 과제 제공, 등교 시 학부모 학습 확인서 등과 함께 제출

〈예시〉 원격수업 유형별 출석 확인 방법

수업 유형	출석 확인 방법								
	실시간	LMS 활용 방법*					기타(대체확인)		
	교사 확인	학습 시작일	진도율	접속 기록	학습 시간	산출물 탑재	SNS	메시지 유선	증빙 자료
실시간 쌍방향	○			○			○	○	○

콘텐츠 활용		○	○	○	○	○	○	○	○
과제 수행				○		○	○	○	○
확인(인정) 기간	당일	당일 또는 1주일(7일) 내							

출처 : 코로나19 대응을 위한 원격수업 출결·평가·기록 가이드라인

Q&A 28

출결상황이 학교생활기록부 평가에 미치는 영향력은 어떠한가요? 미인정 지각, 미인정 결과, 미인정 결석이 있으면 불리한가요?

출결상황은 학생으로서의 본분에 얼마나 충실했는지 평가할 수 있는 가장 기본적인 자료입니다. 특히 2019년 '무단'이라는 용어에서 '미인정'으로 변경되었으며, 평가 시 학생부에 기재된 미인정 지각, 미인정 결석, 미인정 결과와 같은 기록을 토대로 성실성을 평가할 수 있습니다. 질병으로 인한 지각, 결석, 결과 자체는 문제가 되지 않으며, 만약 지원자가 불가피한 사유가 있어 미인정 지각이나 결석이 발생한 경우 학생부 기타에 관련 내용을 기록하거나 자기소개서를 통해 그 사유를 기재한다면 충분히 이해하고 평가할 것입니다.

Q&A 29

다양한 진로탐색활동을 위해 현장체험학습을 신청할 경우 최대 가능한 기간은 얼마나 되나요?

연간 10일 이하입니다. 「학교장 허가 현장체험학습」 출석 인정 기간은 학교별로 정하여 실시함을 원칙으로 합니다. 이때 교육과정 운영에 지장이 없는 범위에서 학교의 실정에 따라 학교구성원의 의견을 수렴하여 정하되, 이를 반드시 학칙에 반영하여 운영하도록 되어 있습니다.(연간 최대 10일 이하). (학부모·학생 설문조사, 학생회, 학부모회, 교사협의회, 학교운영위원회 등 다양한 방법을 통해 충분히 의견을 수렴하여 학교 실정에 맞는 기간을 정할 수 있습니다.)

<수상경력>

Q&A 30

수상실적은 무조건 많은 게 유리한가요?

학생부종합전형은 수상경력을 수치화하거나 계량화하여 평가하지 않으므로 단순한 수상경력의 양으로 유·불리함을 논할 수 없습니다. 물론 수상경력이 풍부하다면 적극적인 학교생활을 하였다는 근거로서 좋은 평가를 받을 수 있습니다. 그러나 교과학습발달상황에서 확인할 수 있는 교과우수상이나 수상 근거가 불분명한 수상들은 평가에 큰 영향을 주지 않습니다. 따라서 수상경력을 단순히 스펙으로 생각하여 양적으로 접근하기보다는 수상경력을 바탕으로 자신의 장점을 보여준다면 좋은 평가를 받을 수 있습니다. 2022학년도부터는 대학입시에 제공되는 수상경력이 학기당 1개로 제한(졸업생 기준 총6개)이 되기 때문에 본인의 역량을 보여줄 수 있는 대회가 무엇인지 고민하여 준비하는 것이 필요합니다.

Q&A 31

대학별로 수상경력을 평가하는 방법이 궁금합니다.

대학별로 학교생활기록부의 수상경력에 대한 평가 부분들이 유사하면서도 강조하는 부분이 조금씩 다릅니다. 일반적으로는 지원하는 모집단위 관련 전공적합성을 보여주는 수상실적과 다양한 교내활동의 풍부한 경험사례의 성실성이 반영된 수상실적이 매우 우수한 평가를 받기도 합니다. 아울러 학생부의 수상실적만으로 지원자의 해당 교내대회 참가 당시의 개인적인 역할 및 특장점 그리고 교대내회 참가 이후의 성장 및 변화를 파악할 수 있는 근거를 자기소개서에 작성한다면 충분히 평가가 높을 수 있다고 할 수 있습니다.

1 전공적합성 확인 사례 | 화공생물공학과 지원

3년 동안 꾸준하게 수학, 물리, 화학, 생명과학 등에 대한 대회에 참여하여 좋은 성과를 냄으로써 전공에서 요구하는 수학/과학에 대한 역량을 확인할 수 있습니다.

수상명	등급(위)	수상연월일	수여기관	참가대상(참가인원)
수리 탐구 보고서 발표 대회	은상(3위)	2017.12.22.	○○고등학교장	1학년(261명)
독서골든벨 대회 (과학부문)	최우수상(1위)	2018.09.28.	○○고등학교장	1, 2학년 중 참가자(36명)
물리 평가 대회	최우수상(1위)	2018.11.28.	○○고등학교장	2학년 중 참가자(25명)
화학 실험보고서 대회	장려상(3위)	2018.11.28.	○○고등학교장	2학년 중 참가자(45명)
생물 실험대회	최우수상(1위)	2019.07.19.	○○고등학교장	3학년 중 참가자(16명)
수학 경시대회	금상(2위)	2019.07.19.	○○고등학교장	3학년 중 참가자(115명)

* 2021학년도 평가 시 고교명은 블라인드 처리됩니다.

2 적극적인 학교생활 및 성실성 확인 사례

분야를 가리지 않고 다양한 대회를 참여하여 본인의 적극성을 잘 드러내었으며, 선행상 및 봉사상 등을 통하여 인성 및 사회성 부분을 확인할 수 있습니다.

수상명	등급(위)	수상연월일	수여기관	참가대상(참가인원)
선행상	–	2017.07.21.	○○고등학교장	전교생(1,501명)
백일장 대회	장려상(4위)	2017.08.24.	○○고등학교장	전교생(1,499명)
우리역사바로알기대회	동상(4위)	2017.12.20.	○○고등학교장	1, 2학년 중 참가자(80명)
영어말하기대회	동상(3위)	2018.11.07.	○○고등학교장	2학년 중 참가자(20명)
과학논술대회	은상(2위)	2018.11.12.	○○고등학교장	2학년 중 참가자(77명)
학습재능나눔상 (멘토부문)		2019.07.18.	○○고등학교장	3학년 중 참가자(306명)
봉사상		2019.07.18	○○고등학교장	3학년(453명)

TIP

사례1.

화공생물공학과 진학에 필요한 수학, 과학에 대한 대회에 다수 참가하였기 때문에 전공적합성이 잘 드러나게 자기소개서를 작성할 수 있습니다. 의미 깊었던 대화를 통해 수학·과학에 대한 역량을 드러내 보임으로써 본인의 장점을 부각시키는 자기소개서 작성이 가능합니다.

사례2, 3

한쪽 계열로 치우치지 않고 고르게 대회에 참여하여 수상한 것을 알 수 있습니다. 꼭 전공 관련된 역량이 아니더라도 충실한 학교생활에 대하여 자기소개서에 작성할 수 있습니다. 학업에 기울인 노력, 성실함, 인성 등을 관련된 수상을 근거로 자기소개서에 작성한다면 보다 신뢰성을 갖출 수 있습니다.

출처 : 2021학년도 동국대 학생부종합전형 가이드북

Q&A 32

교외 사설캠프에 참가해서 상장을 받았습니다. 학교생활기록부에 교내상으로 기재할 수 있나요?

모든 교외상은 학교생활기록부 어떠한 항목에도 입력하지 못합니다. 교내상은 학교생활기록부 수상경력에만 입력하며, 수상경력 이외의 어떠한 항목에도 입력하지 못합니다. 특히, 창의적 체험활동상황, 교과 학습발달상황의 '세부능력 및 특기사항', 행동특성 및 종합의견 등에 '대회'라는 명칭을 '활동'으로 변경하여 입력하는 것도 금지하고 있습니다.

수상명	등급(위)	수상연월일	수여기관	참가대상(참가인원)
교과우수상(국어, 통합사회, 기술·가정)	–	2020. 07. 20.	○○학교장	수강자
교과우수상 (상업, 경제, 정보)	–	2020. 07. 20.	○○학교장	1·2학년 중 수강자
표창장(선행부문)		2020. 05. 15.	○○학교장	전교생(1,200명)

과학탐구대회(실험부문, 공동수상, 2인)	금상(1위)	2020. 05. 18.	○○학교장	1학년 중 참가자(80명)
드론날리기대회	금상(1위)	2020. 05. 18.	○○학교장	1학년 중 참가자(38명)
독후감쓰기대회	장려상(3위)	2020. 05. 29.	○○학교장	1·2학년(720명)
정보통신대회(정보검색부문)	대상(1위)	2020. 06. 08.	○○학교장	전교생 중 참가자(185명)
컴퓨터경진대회(문서작성부문)	우수상(2위)	2020. 10. 19.	○○학교장	전교생(1,200명)
○○축전우수작품(시화부문)	우수상(2위)	2020. 10. 19.	○○학교장	전교생(1,200명)
ㅁㅁ논술대회	1위	2020. 11. 09.	○○학교장	1학년(410명)
소프트웨어경진대회(웹프로그래밍부문)	최우수상(1위)	2020. 12. 21.	○○학교장	△△과·ㅁㅁ과(355명)
자동차정비기능대회(공동수상, 2인)	장려상(3위)	2021. 02. 08.	○○학교장	1·2·3학년 ○○과(655명)
학생토론대회(공동수상, 3인)	우수상(2위)	2021. 02. 08	○○학교장	전교생 중 참가자(60명)

출처 : 2020학년도 학교생활기록부 기재요령_교육부

Q&A 33

모의고사와 관련된 교내 수상실적을 학교생활기록부에 입력할 수 없다고 하는데, 입력이 불가능한 수상에는 어떤 것들이 있나요?

모의고사(전국연합학력평가 포함) 및 야간자율학습과 관련된 내용으로 시상하지는 않습니다. 학교교육계획서 내 시상계획이 있는 대회와 행사는 수상경력 이외의 학교생활기록부 어떠한 항목에도 입력할 수 없습니다.

동일한 수상명으로 월별·격월·분기별로 수상하는 경우나 동일학기 또는 동일학년 기간 동안 하나의 교과 성취도를 기준으로 복수의 상을 수상한 경우 하나의 수상실적 내용만을 기재합니다. 또한 수행평가 결과물로 수상을 할 수 없습니다.

Q&A 34

팀별활동이나 공동수상 실적도 의미 있는 실적인가요?

여러 학생이 함께 팀별로 활동하는 경우가 많습니다. 대학이나 사회에서 임무를 수행할 경우에도 복잡하고 빠르게 변화하는 사회에서 혼자서 모든 문제를 해결할 수 없기에 다양한 전문가가 협업하는 경우가 많습니다. 이처럼 팀별활동을 통해 공동수상을 하였다면 그만큼 협력능력이 우수하다고 평가할 것입니다. 그런데 팀별활동을 하였다고 하더라도 참여한 모든 학생이 기록된 내용이 동일하다면 의미 있는 기록으로 보기는 어렵습니다.

하지만 비록 활동은 같더라도 그 과정에서 자신이 담당했던 역할과 느낀 점, 배운 점, 궁금한 것을 더 조사하고 알아본 점 등은 각기 다를 것입니다. 이러한 부분들을 활동보고서에 적어 학교생활기록부를 개별화해서 기록이 된다면, 좋은 평가를 받을 수 있습니다. 그런데 만약 이미 동일하게 기록되어 있다면, 자기소개서에 팀별활동에서 얼마나 자기주도적인 역할을 수행하였으며, 어떤 성과를 냈는지, 그리고 부족한 부분을 보완하기 위해 추가적으로 어떤 노력을 했는지를 보여준다면 대학에서도 자신의 꿈을 이루어나갈 인재라고 평가할 것입니다.

Q&A 35

학기 초 학교교육계획에 의해 연간 대회 및 시상내용 등을 공지하도록 되어 있는데, 그 내용을 어떻게 확인할 수 있나요?

교내상은 학교알리미 사이트에서 해당 학교이름을 검색하고, 학교이름을 클릭하여 '상세정보'로 들어가면 교과별(학년별) 교과진도 운영계획이나 학교교육과정 편성/운영 및 평가에 관한 사항에서 시상내역을 확인할 수 있습니다. 학교알리미 사이트에서 학교에 관한 '상세정보'는 1학기는 3~4월, 2학기는 9~10월에 업데이트되니 참고하기 바랍니다. 물론 학교 홈페이지에서도 확인이 가능합니다.

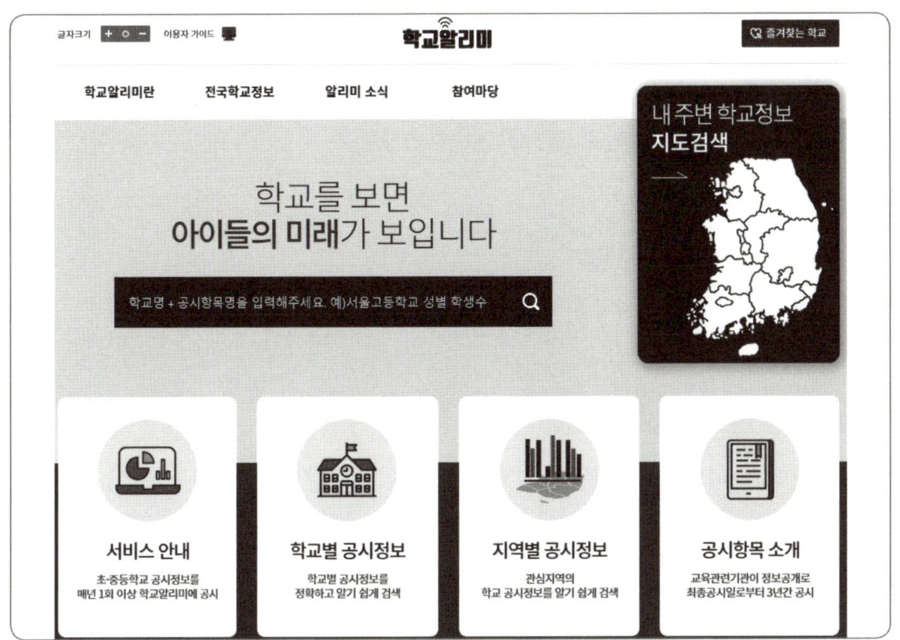

출처 : 학교알리미(https://www.schoolinfo.go.kr/Main.do)

Q&A 36

학생부 기재요령에 따르면 수상경력의 내용을 학생부의 다른 영역에 기재하지 못하게 되어있습니다. 이는 한양대학교의 횡단평가·연계평가 방식과 배치되는 것이 아닌지 궁금합니다.

수상경력의 내용이 반드시 학생부의 다른 영역에 나타나야만 횡단평가를 할 수 있는 것은 아닙니다. 횡단평가에서 주목하는 것은 수상경력의 내용이 아니라 수상경력에 나타난 학생의 역량입니다. 해당 역량이 학생부의 창의적 체험활동과 세부능력 및 특기사항, 행동특성 및 종합의견 등에서 관찰될 경우 횡단평가가 가능합니다. 예를 들어 과학탐구대회에서 수상을 했다면 과학동아리 활동에서 실험에서 실패한 내용이 궁금하여 추가적으로 대학교 교재와 강의를 찾아보면서 궁금증을 해결하고 이후 성공한 사례, 과학교과뿐만 아니라 다양한 교과에서 창의적인 문제 해결능력과 교과서를 넘어 이해하려는 모습을 엿보인다면 충분히 창의적인 학생이라고 평가할 수 있습니다.

<자격증 및 인증취득상황>

Q&A 37

자격증이 반드시 필요한가요?

그렇지 않습니다. 일반고등학교에 다니는 학생들은 자격증이 없어도 대학 입학에 영향이 없습니다. 또한 국가기술자격증 및 국가공인 민간자격증을 중학교 때 취득했다면, 고등학교 학교생활기록부에 기재할 수 없습니다. 다만 자격증이 유의미한 경우는 본인의 고교 교육환경 속에서 취득이 가능하며, 진로와 연계가 되는 자격증 취득을 통한 경험사례가 있을 때입니다. 고려대학교 학생부종합전형 안내서에 따르면, 자격증 또는 인증을 취득한 경우 학생 스스로 성장하기 위해 꾸준하게 노력했다는 점은 참고할 수 있지만, 특정 자격증이나 인증을 취득했다는 사실에만 주목해 평가하지는 않으며, 해당 자격증이나 인증이 없다고 불리한 평가를 받지 않는다고 설명하고 있습니다. 학생부종합전형에서는 단순한 결과보다 교육 활동에 참여하고 노력하는 과정을 통해 드러나는 학생의 성장에 주목하기 때문입니다. 한편 자격증의 명칭 및 취득 사실은 '자격증 및 인증 취득상황'란에만 입력하고, 학교생활기록부 어떠한 항목에도 입력하지 않습니다. 특히 2020년부터 고1, 고2의 경우는 '자격증 및 인증 취득상황'은 대입전형자료로 제공되지 않는 것으로 확정되었습니다.

구분	명칭 또는 종류	번호 또는 내용	취득연월일	발급기관
자격증	컴퓨터활용능력 2급	20-K4-010622	2020.08.28.	대한상공회의소
	전산회계운용사 2급	20-L2-001357	2020.08.19.	대한상공회의소
	정보처리기능사	20404101715C	2020.10.14.	한국산업인력공단
	정보기기운용기능사	20403081539G	2020.07.22.	한국산업인력공단
	한식조리기능사	20801130210J	2020.05.06.	한국산업인력공단
	제과기능사	20401080508H	2020.12.02.	한국산업인력공단
	정보기술자격(ITQ)A등급 – 한글엑셀	A001-2020103-002317	2020.04.08.	한국생산성본부
	정보기술자격(ITQ)A등급 – 한글파워포인트	A001-2020103-002317	2020.04.08.	한국생산성본부
	인터넷정보관리사 2급	IIS-2004-001858	2020.12.16.	한국정보통신진흥협회
	전산회계 2급	2214833235	2020.05.20.	한국세무사회
	리눅스마스터 2급	LMS-2004-001205	2020.09.16.	한국정보통신진흥협회

출처 : 2020학년도 학교생활기록부 기재요령(교육부)

Q&A 38

자격증 관련 학생부 기재 시 유의사항과 고1, 2 변경사항에 대해서 설명해 주세요.

유의사항

- 초·중학교는 2010학년도, 고등학교는 2011학년도 이후 교내·외 인증은 학교생활기록부 어떠한 항목에도 입력하지 않음.
- 고등학교의 경우, 재학 중 취득한 기술 관련 자격증에 한해 입력이 가능하며, 기술 관련 민간자격 국가공인 현황은 매년 달라질 수 있으므로 반드시 확인 과정을 거침([참고자료 2] 참조).
- 고등학교의 경우, 자격증의 명칭 및 취득 사실은 '자격증 및 인증 취득상황'란에만 입력하고, 학교생활기록부 어떠한 항목에도 입력하지 않음.
- 2020학년도 1~2학년의 경우 '자격증 및 인증 취득상황'은 대입전형자료로 제공하지 않음.

출처 : 2020학년도 학교생활기록부 기재요령(교육부)

<진로희망사항>

Q&A 39

진로희망이 변경될 경우 학교생활기록부에 어떻게 기록되면 좋을까요? 그리고 진로희망이 지원하려는 모집단위와 일치하지 않을 경우도 부정적인 평가를 받을 수 있나요?

대학에 와서도 진로가 바뀌어 학과를 변경하는 사례들이 많습니다. 고교생활 중 희망하는 진로가 변경될 수 있습니다. 다만 진로희망이 학년별로 다르더라도 해당 진로를 준비하며 교내에서 노력했던 활동들을 얼마나 충실히 수행하였는지, 연계된 탐색 노력을 보였는지, 탐색과정에서 변경되었다면 변경된 사유와 변경된 이후 관련 활동들이 학생부를 통해 충분히 드러나면 좋습니다.

Q&A 40

진로희망사유는 어떤 내용과 활동으로 기록하면 좋을까요?

고교시절 학년별 진로가 변화할 수 있는 진로희망사항에서 진로변경을 설명할 수 있는 근거와 진로변화에 따른 학생의 관련 진로활동들을 나타내 줄 수 있는 항목이 진로희망사유입니다. 자기소개서 4번 중 지원동기가 있는 경우 진로희망사유를 확인하며, 특히 진로가 변경된 학생의 경우 희망사유를 통해 자기소개서에 언급된 진로변경에 따른 근거가 되는 경험사례를 통해서 신뢰성을 확보할 수 있습니다.

Q&A 41

진로희망사항 학생부 기재 시 유의사항 및 고1,2 변경사항이 궁금합니다.

2020학년도 고1, 고2학년부터는 '진로희망사항'항목이 폐지되며 창의적 체험활동상황 진로활동 영역 특기사항 내의 '희망분야'란에 학생의 진로희망(희망분야 또는 희망직업)을 입력하지만 상급학교 전형자료로는 제공되지 않습니다. 대학 입시에 제공되지 않더라도 학교생활기록부의 다른 부분에서 본인의 진로에 대해 고민하고 노력하는 모습을 확인할 수 있습니다.

<창의적 체험활동상황>

<자율활동>

Q&A 42

창의적 체험활동의 자율활동에는 세부활동으로 어떤 것들이 있는지 소개해 주세요.

자율활동에는 자치·적응활동과 창의주제활동으로 구분되는데 소속고교마다 제공되는 자율활동의 범위가 매우 다르기 때문에 단순한 참여가 아닌 해당 활동의 주도적인 역할과 의미 있는 경험사례를 바탕으로 개별화된 학생부가 될 수 있도록 하면 좋습니다. 특히 창의주제활동을 통해 자율탐구활동을 진행하여 학생의 관심 분야를 깊이 탐구할 수 있는 기회를 제공하고 있습니다.

영역		활동 내용(예시)
자율활동	자치· 적응활동	• 기본생활습관형성활동–예절, 준법, 질서 등 • 협의활동–학급회의, 전교회의, 모의의회, 토론회, 자치법정 등 • 역할분담활동–1인 1역 등 • 친목활동–교우 활동, 사제동행 활동 등 • 상담활동–학습, 건강, 성격, 교우 관계 상담활동, 또래 상담 활동 등
	창의주제활동	• 음악활동–성악, 합창, 뮤지컬, 오페라, 오케스트라, 국악, 사물놀이, 밴드, 난타 등 • 미술활동–현대 미술, 전통 미술, 회화, 조각, 사진, 애니메이션, 공예, 만화, 벽화, 디자인, 미술관 탐방 등 • 연극·영화활동–연극, 영화 평론, 영화 제작, 방송 등

출처 : 2019학년도 학교생활기록부 기재요령_교육부

Q&A 43

전교생이 단체로 참여한 학교행사도 의미 있는 활동으로 평가받을 수 있나요?

전교생이 참여하는 학교행사의 경우 단순한 개인적인 참여활동은 크게 평가를 받기에는 어려움이 있습니다. 해당 학교행사를 사전진행 준비단계에서 기획 및 홍보 그리고 현장에서 학교구성원인 학생과 선생님의 참여를 유도하여 행사를 활성화하고 행사 이후 사후평가를 통해서 행사의 개선점을 제안하는 활동을 통해서 높은 평가를 받을 수도 있습니다.

Q&A 44

학생회장, 학급회장 같은 임원활동 경력이 평가에 중요하게 작용하나요?

평가자가 전교 학생회장, 학급반장 또는 회장, 동아리 회장 같은 임원활동 경험 자체만으로 긍정적인 평가를 하는 것은 아닙니다. 어떤 직책을 맡았는지 보다 학교 구성원으로서 수행한 역할의 내용, 그리고 활동과정에서 드러나는 학생의 주도성과 책임의식을 통한 리더십 사례를 파악하고 있습니다.

자율활동

자율 활동은 대부분 학교에서 모든 학생이 참여한 활동이 기록되어 있습니다. 하지만 그중에서도 리더십 발휘 경험은 지원자 고유의 특성과 활동이 드러나는 경우가 있고 이를 통해 지원자의 특성을 파악할 수 있습니다. 이때 리더십 발휘 경험이란 반장, 부반장 활동만을 의미하지는 않습니다. 학습 부장, 서기 등 작은 역할이라도 책임감을 갖고 다른 학생에게 솔선수범하는 모습을 보였으면 리더로서의 자질을 충분히 확인할 수 있습니다. 또한 자율 활동에는 지원자 인성, 지원 전공과 관련한 활동 경험, 학업에 대한 노력 및 우수성을 엿볼 수 있는 내용이 담겨 있습니다. 이런 내용은 학교생활기록부 곳곳에 숨어 있는 지원자에 대한 기록, 자기소개서와 추천서 내용과 함께 지원자를 입체적으로 파악하는 데 도움됩니다.

(예시 1) 학급 반장으로 학급에 필요한 것이 무엇인지 생각해 도움을 주기 위해 노력함. 학기 초 1인 1 역할제 실시를 담임교사에게 직접 제안하고 구체적 방안을 계획해 추진함. 매월 학급 게시판에 대의원 회의 결과와 주요 일정을 정리해 공지하는 등 급우를 위해 헌신하는 모습을 보임.

(예시 2) 기숙사 사생장으로서 학생의 기숙사 생활 어려움이나 고충 사항을 담당 교사에게 전달하고 학교 측과 학생 측 의견을 조율함. 기숙사에서 학생의 여러 가지 불만을 합리적으로 설득시키는 역할을 매우 뛰어나게 수행함.

출처 : 2020학년도 고려대학교 학생부종합전형 안내가이드북

Q&A 45

자율활동은 주로 학교에서 시행하는 활동으로 알고 있습니다. 자율활동의 내용이 학교생활기록부에 기록될 경우 어떻게 하면 나의 개별적인 특성을 잘 보여줄 수 있을까요?

역할의 주도성 및 전공 분야에 대한 관심을 드러낼 수 있는 활동을 보여준다면 좋은 결과를 얻을 수 있을 것입니다. 아래 지원자는 1학년 때 학급 사회교과 부장으로서 학우들이 사회교과에 관심을 갖고 학업 성취도를 향상시키기 위해 어떠한 노력을 하였는지 잘 보여주고 있습니다. 이를 통해 지원자가 교내 구성원으로서 주어진 역할을 어느 정도 책임의식을 가지고 수행하였는지 확인이 가능합니다. 뿐만 아니라, 2학년 때에는 독서 활동, 3학년 때에는 모의 경영을 바탕으로 한 토의활동을 통해 경영계열에 대한 관심도 보여주고 있습니다. 따라서 이러한 활동들을 본인의 역할과 과정 중심으로 자세히 기술해준다면 역할의 주도성 측면과 더불어 전공적합성 측면도 나타낼 수 있습니다.

역할의 주도성 및 전공 분야에 대한 관심도가 드러난 사례(경영정보학과 지원)

지원자가 구성원으로서의 본인의 역할을 주도적으로 수행한 것을 확인할 수 있었으며, 책읽기 활동, 토의 활동 과정이 구체적으로 드러나 있어 전공 분야에

대한 관심도 또한 확인할 수 있습니다.

학년	창의적 체험활동 상황		
	영역	시간	특기사항
1	자율활동	○○	학급 사회교과부장(2018.03.1.4~12.22.)으로서 학급 친구들의 국내외 사회 이슈에 관심을 갖게 하고 지식을 쌓게 하고자 신문 전면에 나와 있는 문제에 대해서 토론하고 자신의 생각을 말할 수 있도록 이끌었음. 쉬는 시간을 활용하여 교과와 관련된 문제를 질의응답을 통해 해결하도록 도움을 주었음. 테마별 체험학습(2018.09.05.~09.07.)에서 체험활동을 할 때 학급 내 소외되는 친구들이 없도록 함께 어울리고 챙겨주는 모습을 통해 배려의 자세를 확인할 수 있었음. 도산 서원과 하회마을에 방문하였을 때 자신이 아는 지식을 바탕으로 친구들과 유적지에 관한 지식을 주고받으며 역사에 대한 관심과 세계문화유산 보존에 관심을 갖도록 유도하려는 노력이 돋보였음.
2	자율활동	○○	밤샘책읽기 교실(2019.08.04.)에서 '기계와의 경쟁(에릭 브린욜프스)'을 읽고 4차 산업혁명으로 인공지능과 로봇 등 기술이 계속 발달하면서 나타날 수 있는 인간의 일자리에 미치는 영향에 대하여 친구들과 의견을 공유함. 신기술의 개발에 따라 새로운 일자리도 생성되며 사람과 기계의 협업으로 효율성을 높일 수 있다는 근거를 들어 필자의 주장을 긍정적으로 생각한다고 피력함. 이후에도 학우들과 인공지능의 개발에 대한 찬반 토론을 제안하고 진행하며, 4차 산업혁명에 따른 유망 직업과 신기술에 지속적인 관심을 가지고 활동함.
3	자율활동	○○	학급 부반장(2020.03.12.~08.31.)으로서 학급의 수업 분위기 개선을 위해 반장과 지속해서 협의하고 학급 설문조사를 진행함. 설문조사 결과를 바탕으로 학급 회의에서 수업 분위기 개선 방안을 급우들과 논의함. 학급의 면학 분위기를 조성하거나 각자 자신 있는 과목을 전담하여 질문 및 발표하도록 하여 활발한 수업 분위기를 유도하는 등 학습 분위기 조성에 일조함. 학급 1인 1역할 제도를 제안하여 학급 구성원이 책임감을 느끼도록 함. 그뿐만 아니라 교과 수행평가 및 과제 알림 등을 통해 수업 집중도와 수업 참여도를 높이기 위해 노력함. 2학년 때 사회적 기업 모의 경영을 한 것을 계기로 교내 K-MOOC 학술활동(2020.03.05.~07.27.)을 통해 아시아 미래 기업 포럼에서 강연한 '○○○○' 기업 대표의 연설을 들음. 이후 '사회적 기업 아름다운 경영 이야기'에 대한 K-MOOC 강연을 통해 국내 사회적 기업의 유형 및 마케팅 전략, 사회적 기업가의 리더십에 대해 탐구하며, '일자리 제공형 사회적 기업을 창업한다면, 어떤 사람을 고용하고 어떻게 기업을 운영할 것인가?'라는 주제로 학우들에게 토의를 제안함. 토의에서 '○○○○'기업과 같이 장애인 고용을 통해 경제적 자립의 기회를 제공하고 상품 가격 중 일부를 사회적 약자에게 기부하는 코즈마케팅으로 경영할 수 있다는 의견을 제시하고 사업계획서를 작성하여 학우들과 공유함.

출처 : 2020학년도 동국대학교 학생부종합전형 가이드북

Q&A 46

자율활동 특기사항 관련 기재 예시를 소개해 주세요.

예시 1) 학급 테마여행(2019.05.17.~05.19.)에서 '내 고장 문화유산 찾기'라는 학급 테마로 지역 일대의 문화유산을 탐방함. 내 고장의 역사와 관련된 인물을 소개하는 역할을 맡아 테마여행 장소에서 인물의 사상과 업적에 대해 조사한 내용을 여러 학생들 앞에서 자신감 있는 태도로 발표함. 학급 테마 여행 이후 체험학습 글쓰기를 작성하며 3일간의 테마여행을 되돌아보았으며, 특히 자신이 탐구했던 인물의 생애와 사상이 영화 속과 다른 점을 친구들에게 알려주기 위해 보드를 작성하여 교내 게시판에 게시하여 친구들에게 안내해주었으며, 'ㅇㅇㅇ 심성론의 변천에 관한 연구' 자료를 찾아보면서 인물에 대해 깊이 이해하는 기회가 되었다고 함.

예시 2) 학교폭력예방 결의 다지기(2019.03.10.)에서 '작은 관심과 실천'을 주제로 학교폭력 예방 방안 및 실천에 대해 학년 대표로 발표함. 학교폭력예방교육(2019.06.09., 2019.09.08.)의 일환으로 실시한 학교폭력 근절 포스터 만들기 활동에서 학교폭력 피해자의 아픔을 형상화한 그림으로 생명존중의 소중함을 표현함. 자살예방교육(2019.04.28.)을 통해 청소년 고민 상담 1순위가 친구라는 것을 알게 되었으며 친구가 우울할 때마다 힘과 용기를 줄 수 있는 긍정적인 문구를 친구들에게 전달하는 역할을 잘 수행하여 친구들이 많이 믿고 따르는 친구임. 상담을 하면서 전문적인 지식의 필요성을 느끼고 긍정심리 책을 읽으며 이를 친구들에게 용기를 북돋는 역할을 잘 수행함.

예시 3) 학교 축제(2019.05.26.)에서 학교 축제 준비위원으로서 기존 축제가 춤과 노래 위주로 꾸며져 많은 학생들의 참여가 부족했다는 것에 문제를 제기하고, 축제 프로그램을 시화전, 연극, 학술제 등 다양화하여 학생들의 참여도를 높이기 위해 노력함. 또한 1부 사회를 맡아 재치 있는 인사말로 축제의 시작을 매끄럽게 이끌었으며, 2부 합창한마당에서는 학급의 알토 파트장을 맡아 파트원들의 참여를 독려하고 아름다운 하모니를 만들어 내어 청중들의 큰 박수를 받음.

예시 4) 학급도서부장(2019.03.02.~2020.02.28.)으로 '1학급 1규칙 정하기' 활동에서 '한 달 한 권 책 읽기'를 제안하여 학급의 규칙으로 선정되는 데 기여함. 매월 진로와 관련된 도서를 계열별로 선정하여 읽고, 읽은 내용을 게시판에 게시하여 독서 내용을 학급친구들과 공유할 수 있도록 하였으며, 학기말 교지에 실을 수 있도록 연계 독서를 추가적으로 읽고 독서활동을 통해 발전된 모습을 엿볼 수 있도록 지도한 결과 학급 친구들의 다양한 지식을 함양하고 작문실력까지 향상시켜 다양한 교내상을 받는 데 기여한 점이 돋보임.

예시 5) 현장체험학습(2019.05.12.)을 통해 숲 해설가와 함께 다양한 식물 종을 관찰하고 도심 속의 자연을 체험하였으며, 체험 후 가족과 함께 도심 텃밭을 가꾸게 되었다는 소감문을 작성함. 학급노래한마당(2019.11.28.)에서 반주 음악 준비와 편곡에 참여하였으며 자연과 환경을 주제로 노랫말을 개사할 것을 제안하고, 학급 구성원들과 의견을 조율하며 협동하는 과정에서 공동체 의식을 함양함.

Q&A 47

자율활동 학생부 기재요령에 대해서 설명해 주세요.

2020학교생활기록부 기재요령에 따르면 자율활동의 특기사항은 활동결과에 대한 평가보다는 활동과정에서 드러나는 개별적인 행동 특성, 참여도, 협력도, 활동실적 등을 평가하고, 상담기록 등의 관련 자료를 참고하여 실제적인 역할과 활동 위주로 입력하도록 되어있습니다. 한편 정규교육과정 또는 학교교육계획에 의해 실시한 학생 상담활동 자치법정 등은 자율활동 특기사항에 입력하며 임원의 활동기간은 1학년은 입학일부터 학년말, 2학년은 3월 1일부터 학년말까지로 입력합니다. 다만 학기 단위로 임명하는 경우의 임원 활동기간은 학기 시작일부터 학기 종료일까지로 입력하도록 되어있습니다.

<동아리활동>

Q&A 48

창의적 체험활동의 동아리활동에는 세부활동으로 어떤 것들이 있는지 소개해 주세요.

동아리활동은 예술·체육영역, 학술문화활동(과제탐구동아리 포함), 실습노작활동(창업동아리 포함), 청소년단체활동(RCY 포함) 등 다양하게 이루어져 있습니다. 어느 곳이든지 활동하면서 꿈과 끼를 키워나갈 수 있다면 충분히 의미 있는 활동이 될 수 있습니다.

<table>
<tr><th colspan="2">영역</th><th>활동 내용(예시)</th></tr>
<tr><td>동아리활동</td><td>예술·체육활동</td><td>외국어회화, 과학탐구, 사회조사, 컴퓨터, 인터넷, 신문활용, 발명, 다문화탐구 등</td></tr>
<tr><td rowspan="3">동아리활동</td><td>학술문화활동</td><td>인문소양활동–문예 창작, 독서, 토론, 우리말 탐구, 외국어 회화, 인문학 연구 등
사회과학탐구활동–답사, 역사 탐구, 지리 문화 탐구, 다문화 탐구, 인권 탐구 등
자연과학탐구활동–발명, 지속 가능 발전 연구, 적정 기술 탐구, 농어촌 발전 연구, 생태 환경 탐구 등
정보활동–컴퓨터, 인터넷, 소프트웨어, 신문 활용 등</td></tr>
<tr><td>실습노작활동</td><td>가사활동–요리, 수예, 재봉, 꽃꽂이, 제과·제빵 등
생산활동–재배, 원예, 조경, 반려동물 키우기, 사육 등
노작활동–목공, 공작, 설계, 제도, 로봇 제작, 조립, 모형 제작, 인테리어, 미용 등
창업활동–창업 연구 등</td></tr>
<tr><td>청소년단체활동</td><td>국가가 공인한 청소년 단체의 활동 등</td></tr>
</table>

출처 : 2019학년도 학교생활기록부 기재요령_교육부

Q&A 49

동아리활동에 입력할 수 있는 내용들을 소개해 주세요.

동아리에서 진행한 다양한 활동과 체험 등을 입력할 수 있습니다. 특히 동아리 교육계획에 의한 외부 학술기관(과학관)이나 대학교에서 진행한 탐구활동도 기록이 가능합니다. 또한 학교장이 승인한 동일학교급 타학교에서 주최하고 주관한 국내 체험활동도 기록이 가능합니다. 정규교육과정 내 학교스포츠클럽 활동 및 청소년 단체활동도 기록이 가능합니다. 또한 학교교육계획에 의한 정규교육과정 이외의 자율동아리활동도 기록이 가능합니다. 따라서 학기 초 동아리를 설립하고 교육계획을 승인받아 진행하는 다양한 진로탐색활동이 모두 입력이 가능하니 동아리 활동계획 수립이 중요합니다. 단, 해외에서 진행한 활동은 기록이 안 됩니다.

Q&A 50

입학 예정인 고교의 동아리활동 현황을 미리 알 수는 없을까요?

학교알리미 사이트에서 학교이름을 검색하고 '상세정보'로 들어가면 동아리활동 현황이라는 곳에서 정규동아리와 자율동아리를 확인할 수 있습니다. 또한 자신의 진로와 연계성이 떨어진다면 자율동아리를 별도로 개설할 수도 있습니다.

Q&A 51

동아리활동은 반드시 지원 전공과 일치해야 긍정적 평가를 받을 수 있나요?

창의적 체험활동 내에서의 동아리활동은 학생의 소양을 넓히는 기회입니다. 대학의 전공과 고교생활의 동아리를 일치시킬 수는 없습니다. 전공과 관련한 '역량'에 초점을 맞추고 좀 더 폭넓고, 유연하게 생각하는 것이 필요합니다. 입학사정관이 보는 전공적합성은 '해당전공과 관련한 학업역량을 얼마만큼 갖추었는가'입니다. 즉 전공과 관련한 '역량'개발 중심의 동아리활동이라면 긍정적인 평가를 받을 수 있습니다. 예를 들어 생명과학과에 진학하고자 하는 학생이 물리동아리활동을 통해 실험설계, 보고서 작성 및 분석방법 등을 학습하였다면, 생명과학과에서 필요로 하는 기초 소양을 개발했다고 볼 수 있습니다.

Q&A 52

정규동아리활동과 자율동아리활동 중 어떤 활동이 더 우수한 평가를 받는 건가요?

정규동아리와 자율동아리 중 어느 것이 더 중요한 것은 없습니다. 그 활동을 통해 변화된 모습을 보고자 합니다. 입학사정관은 사범대학을 합격하려면 교육봉사 동아리, 경영대학을 합격하기 위해서는 경영경제동아리를 해야 하는 공식은 없습니다. 대학과 고교의 교육과정은 100% 일치하지 않으며, 진학하고자 하는 전공에 따라 동아리 활동을 할 수 없다는 것을 알고 있기 때문입니다.

1 영자신문반 활동으로 교육학과에 지원한 사례

영자신문반 동아리에서 기자활동을 하며 해당 전공과 관련한 사회문제에 대하여 심도 있는 탐구를 진행하였습니다.

학년	창의적체험활동상황		
	영역	시간	특기사항
3	동아리 활동	○○	(영자신문반)(17시간) 사회불평등에 관한 글을 읽고 사회의 계층구조를 재생산하게 하는 원인으로써 작용하는 교육 불평등에 관심을 갖게 됨. 이러한 관심을 바탕으로 지역별 교육선발지수를 분석하고 부모의 직업지위에 따른 상급학교 진학유형을 분석하여 환경에 따른 교육 불평등과 양극화 현상을 소개하고 이를 방지하기 위한 대안을 제시하는 영문기사 'Education inequality'를 교내 영자신문에 게재함.

2 수리논술반 활동으로 생명과학과에 지원한 사례

수리논술반 활동을 통해 해당 전공을 공부하기 위해 필요한 수학적 역량을 꾸준히 계발해왔습니다.

학년	창의적체험활동상황		
	영역	시간	특기사항
1	동아리 활동	○○	(수리논술반)(27시간) 동아리 활동에서 '사이클로이드 곡선'을 주제로 곡선과 직선이 같이 있는 모형을 부원들과 직접 만들어 공을 굴려봄. 공이 굴러가는 속도를 비교하는 실험을 한 결과 사이클로이드 곡선에 굴린 공이 먼저 내려왔고 그 이유가 가속도 때문이라는 것을 알게 됨. …또한 동아리 친구들과 멘티, 멘토 활동을 하면서 서로 잘 모르거나 어려운 수학 문제를 토론하면서 가르쳐주는 시간을 가짐.

3	동아리 활동	○○	(수리탐구반)(16시간) 이차곡선의 기원이라는 주제로 모둠별 발표 활동을 준비하였고 본인은 모둠원들이 조사해온 자료들을 수합하여 정리하고 급우들에게 발표하는 임무를 맡아 성공적으로 임무를 마침. 특히 모둠원들이 조사해온 자료들을 수합하는 과정에서 이차곡선의 기원에 대해 자세히 알 수 있었고 고대의 수학자들이 최초로 발견한 시점부터 이차곡선을 수식으로 표현할 수 있게 되면서 급격하게 실생활에 응용될 수 있었다는 사실을 통해 수학이 대단한 힘을 가지고 있다는 생각을 했다고 함.

3 전공 관련 수학 역량을 확인하기 어려운 사례

국제통상학과에 지원한 학생으로 해당 전공과 직접적인 관련 있는 동아리임에도 불구하고 지원자의 구체적인 전공 수학 역량을 확인하기 어려운 사례입니다.

학년	창의적체험활동상황		
	영역	시간	특기사항
2	동아리 활동	○○	(국제교류동아리)(14시간) 동아리 활성화를 위해 활동 계획을 수립하고 동아리 반 구성원들이 협력할 수 있도록 애착을 갖고 적극적으로 참여함. 국제신문 만들기 시간에는 다양한 주제를 제시하여 동아리 구성원들의 의견을 반영하여 주제를 선택할 수 있도록 도움을 줌. 영화 '아이 캔 스피크'를 관람한 후 피해자의 입장은 고려하지 않은 채 일방적 합의에 나선 정부의 태도를 비판하고, 위안부 문제해결 방안에 대하여 함께 고민함.

출처 : 2021학년도 동국대학교 학생부종합전형 가이드북

Q&A 53

나의 진로와 직접 관련된 정규동아리가 없어서, 자율동아리 개설을 고민 중입니다. 동아리 개설은 어떤 과정으로 진행되는지 궁금합니다.

자율동아리는 학교교육계획에 따라 학기 초에 구성할 수 있으며, 학기 중에 구성된 자율동아리활동은 학교생활기록부에 입력할 수 없습니다. 이때 학기 초는 통상 3월, 8월을 말합니다. 따라서 내가 설립하고 싶은 동아리명, 활동명, 운

영 목적과 개요, 운영계획을 구체적으로 작성한 후, 회원 5명 이상(학교 환경에 따라 다를 수 있음)을 모집하여 지도교사에게 말하고 승인을 받아야 학교생활기록부에 기재가 가능합니다. 학교교육계획에 의한 자율동아리 구성 절차는 다음과 같습니다.

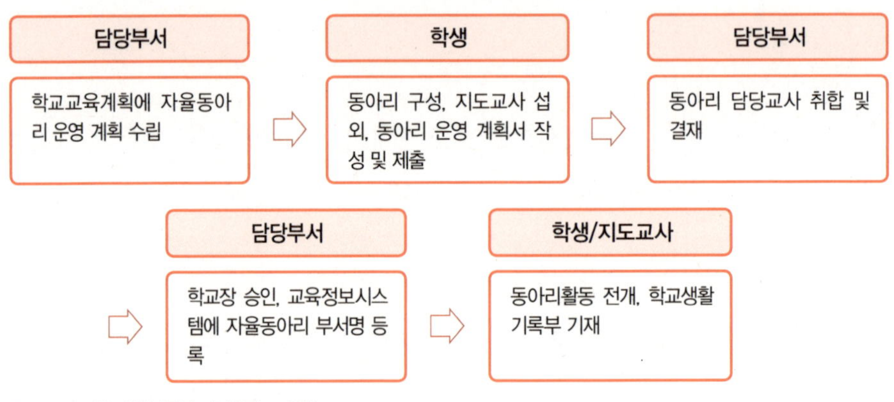

출처 : 2020학교생활기록부 기재요령_교육부

※자율동아리 운영계획서는 활동계획, 동아리 구성 인원, 지도교사 등의 내용을 포함하여 학교장의 승인을 받음.

Q&A 54

동아리활동 특기사항에 기재 가능한 청소년 단체활동에는 어떤 활동들이 있나요?

청소년단체 기본활동 방향 및 활동에 관한 기본 계획에 의해 인성교육 실현을 위하여 학생의 개인적 희망에 따라 대한적십자사 청소년적십자회, 한국걸스카우트연맹 등을 포함하여 22개를 운영하고 있습니다. 다만 올해 2020년 고1, 고2부터 학교교육계획에 의한 청소년단체활동은 청소년단체명만 입력할 수 있으며, 학교교육계획 이외의 청소년 단체활동은 어떠한 내용도 입력하지 않는 것으로 발표되었습니다.

청소년단체 현황

(2020.01. 기준)

연번	청소년단체	소관부처 (소관법령)	전화번호 (팩스번호)	홈페이지
1	기독교청소년협회	전라북도 (민법 제32조)	063-272-7022 (063-271-7040)	www.cya21.org
2	대한적십자사청소년적십자	보건복지부 (대한적십자사조직법)	02-3705-3705 (02-3705-3777)	rcy.redcross.or.kr
3	대한청소년충효단연맹	여성가족부 (민법 제32조)	043-221-2918 (043-221-2919)	www.chunghyo.or.kr
4	성산청소년효재단	문화체육관광부 (민법 제32조)	032-438-4293 (032-421-4783)	www.sungsan1318.or.kr
5	세계도덕재무장한국본부	교육부 (민법 제32조)	02-2662-7360 (02-2662-7361)	www.mrakorea.or.kr
6	세계화교육문화재단	외교부 (민법 제32조)	02-312-3550 (02-392-3560)	www.globaleducation. or.kr
7	한국숲사랑청소년단	산림청 (산림교육의 활성화에 관한 법률 제16조)	02-968-0868 (02-968-0818)	www.greenranger.or.kr
8	파라미타청소년연합회	여성가족부 (민법 제32조)	02-723-6165~6 (02-723-6167)	www.paramita.or.kr
9	한국119소년단연맹	소방청 (민법 제32조)	02-2679-8749 (02-2671-8764)	www.young119.or.kr
10	한국4-H본부	농촌진흥청 (한국4에이치활동 지원법)	02-428-0451~3 (02-428-0455)	www.korea4-h.or.kr
11	한국YMCA전국연맹	문화체육관광부 (민법 제32조)	02-754-7891~5 (02-774-8889)	www.ymcakorea.org
12	한국YWCA연합회	문화체육관광부 (민법 제32조)	02-774-9702~7 (02-774-9724)	www.ywca.or.kr
13	한국걸스카우트연맹	여성가족부 (스카우트활동 육성에 관한 법률)	02-733-6801~8 (02-738-3013)	www.girlscout.or.kr
14	한국과학우주청소년단	과학기술정보통신부 (한국과학우주청소년단 육성에 관한 법률)	02-739-6369 (02-722-6455)	www.yak.or.kr
15	한국로타리청소년연합	여성가족부 (민법 제32조)	02-738-1501 (02-732-5843)	www.rotarykorea.org

16	한국스카우트연맹	여성가족부 (스카우트활동 육성에 관한 법률)	02-6335-2000 (02-6335-2020)	www.scout.or.kr
17	한국청소년발명영재단	특허청 (민법 제32조)	02-569-7231 (02-569-7228)	www.kyic.org
18	한국청소년봉사단연맹	여성가족부 (민법 제32조)	02-2663-4163 (02-2663-4177)	www.civo.net
19	한국청소년연맹	여성가족부 (한국청소년연맹 육성에 관한 법률)	02-841-9291 (02-845-8138)	www.koya.or.kr
20	한국항공소년단	산업통상자원부 (민법 제32조)	02-953-7543~4 (02-953-7545)	www.yfk.or.kr
21	한국해양소년단연맹	해양수산부 (한국해양소년단연맹 육성에 관한 법률)	02-886-8522~4 (02-886-8521)	www.sekh.or.kr
22	흥사단	서울시교육청 (민법 제32조)	02-743-2511~4 (02-743-2515)	www.yka.or.kr

출처 : 2020학년도 학교생활기록부 기재요령_교육부

※ 청소년단체 현황은 교육부 민주시민교육과(044-203-6734)로 문의

※ 2020학년도 중학교 1,2학년과 고등학교 1,2학년은 학교 교육계획 이외의 청소년단체 활동은 입력할 수 없음.

Q&A 55

동아리활동 특기사항의 기재 예시들을 소개해 주세요.

예시 1) 애니메이션그리기반(○○시간) 웹툰 작가를 꿈꾸는 상상력과 표현력이 우수한 학생으로, '미래 자동차 디자인하기'에서 첨단 기술이 적용된 자동차를 상상하며 핸들과 사이드 미러를 없애고, 탑승 인원에 따라 형태가 변하는 새로운 개념의 자동차를 디자인함. 사물인터넷, 친환경 연료, 신소재와 같은 첨단 기술의 등장으로 새로운 개념의 디자인을 상상해 볼 수 있었다고 발표하는 등 과학적 아이디어를 그림으로 잘 표현함. 학교 '벽화 그리기' 활동에서 교훈 중 진취를 모티브로 한 벽면의 밑그림을 그리는 역할을 담당함. 친구들의 의견을 수

렴하여, 졸업 후 사회 각 분야에서 다양한 직업의 일을 하게 될 친구들의 모습을 벽화로 그려냄. 밑그림 작업이 끝난 이후에도 채색을 담당한 친구들을 도와주는 등 공동 작업 속에서 배려심 있는 모습으로 벽화 그리기활동을 성공적으로 마무리함.

예시 2) 생명과학탐구반(OO시간) 실험 설계 능력과 데이터 분석 능력이 우수하고, 실험 장비에 대한 기본 지식이 풍부하여 평소 부원들에게 과학 실험 장비의 사용법과 주의 사항을 친절하게 알려줌. 과학의 달 행사 때 해부현미경 조작이 서툰 부원들에게 자신의 사용 경험을 바탕으로 사용법을 안내하고, 분리 시료의 농도 조절이 중요한 전기영동 실험에서 모둠장으로 참여하여 가장 오차가 작은 실험 결과를 도출함. 동아리 발표회(2019.12.20.)에서 참여 학생들이 직접 진드기 퇴치제와 EM 비누를 만들 수 있는 체험 부스를 운영하면서, 체험 활동에 어려움을 겪는 학생들에게 친절하고 상냥하게 설명해 주는 모습에서 미래의 생명과학 선생님다운 모습을 발견함.

예시 3) 방송기획반(○○시간) 반장(2019.03.01.~2020.02.28.)으로서 자유롭고 허용적인 분위기를 만들어 창의적인 아이디어를 만들어 낼 수 있도록 노력하였으며, 구성원의 의견을 경청하고 동아리활동 방향을 결정하는 소통의 리더십을 보여줌. 동아리의 구체적인 활동 방향을 정하지 못했을 때 반장으로서 부원들이 참여할 수 있는 다양한 활동을 책임감 있게 준비함. 방송 관련 직업에 대해 소개하는 발표 자료를 준비하고, 프로듀서 직업을 소재로 한 드라마들을 찾아 소개하는 등 부서원들이 동아리 활동에 대해 지속적인 흥미를 갖게 하였으며, 방송 프로그램 재구성하기, 제품에 대한 광고 시나리오 만들기, 드라마에 맞는 배역 재설정하기, 기사 써보기 등의 다양하고 창의적인 활동을 생각해 냄. 동아리 발표회(2019.12.20.)에서는 방송사 로고를 활용한 퀴즈, 인기 어플리케이션을 모방한 포토존 등을 기획하고 각 부원들에게 역할을 분담하여 인기 있는 동아리 체험 부스를 운영함.

예시 4) 법사랑반(○○시간) 활동 주제에 대해 깊이 있게 생각하고 활동에 성실히 참여함. 법정상속 및 동시사망의 추정을 규정한 민법 조항을 찾아 사례를 해석하는 발표를 하였으며, 다양한 매체를 통해 관련 자료를 찾는 등의 노력을 기울여 모의재판 대본을 작성함. 법원 견학을 통해 소년범 사건처리 절차, 법 관련 직업에 관한 정보를 습득하였으며 판사와의 대화시간에 적극적으로 질의하여 평소 가졌던 궁금증을 해결하고 검사라는 자신의 진로에 대해 보다 확고한 신념을 갖게 됨. 동아리발표회(2019.12.20.)를 위한 부스 제작 및 운영을 총괄하여 법 상식 퀴즈를 출제하였으며 모의재판에서 재판장 역할을 성실하게 수행함.

예시 5) 독서토론반(○○시간) 사회 문제에 관심이 많아 관련 분야의 책을 꾸준히 읽고 있으며, 책을 읽은 후에는 독후감을 통해 자신의 생각을 논리적으로 정리하는 습관을 가지고 있음. 원자력 발전소 설치 문제에 관한 토론에서 지역 주민의 입장에서 원전 설치 반대 의견을 논리적으로 주장하고, 찬성 측의 입장을 경청하면서 최선의 해결책을 찾기 위해 노력함. '착한 사마리아인의 법'을 주제로 한 토론활동에서 개인들의 다양성과 자유의 측면에서 법을 보편적으로 적용할 수 없다는 것과 국가나 사회의 책임을 개인에게 전가하면 안 된다는 것을 논거로 반대 의견을 개진함. 정보화 사회의 거대감시 체제를 주제로 한 보고서에서 판옵티콘, 텔레스크린과 함께 관련 영화의 사례를 제시하면서 국가 권력 남용으로 인하여 발생하는 인권 침해를 최소화해야 한다는 의견을 논리적으로 서술함.

Q&A 56

창의적 체험활동상황에 자율탐구활동 중 소논문은 더 이상 기재할 수 없나요?

올해 고3의 경우는 자율탐구활동 중 소논문 실적은 정규교육과정 이수과정에서 학교 내에서 학생 주도로 수행된 연구주제 및 참여인원, 소요시간 기재가 가능합니다. 그러나 고1, 고2의 경우는 기재가 불가능하며 다만 정규교육과정 이수과정에서 사교육 개입 없이 학교 내에서 학생주도로 수행한 자율탐구활동에 한하여 기재할 수 있도록 허용하였습니다.

<봉사활동>

Q&A 57

창의적 체험활동의 봉사활동에는 세부활동으로 어떤 것들이 있는지 소개해 주세요.

봉사활동으로 이웃돕기활동(월드비전 번역봉사활동, RCY 멘토 봉사활동 포함), 환경보호활동, 캠페인활동으로 나누어 자신의 가진 시간과 재능을 나누는 것을 말합니다.

영역		활동 내용(예시)
봉사활동	이웃돕기활동	친구돕기활동–학습이 느린 친구 돕기, 장애 친구 돕기 등 지역사회활동–불우이웃 돕기, 난민 구호 활동, 복지시설 위문, 재능기부 등
	환경보호활동	환경정화활동–깨끗한 환경 만들기, 공공시설물 보호, 문화재 보호, 지역사회 가꾸기 등 자연보호활동–식목 활동, 자원 재활용, 저탄소 생활 습관화 등
	캠페인활동	공공질서, 환경 보전, 헌혈, 각종 편견 극복 캠페인 활동 등 학교폭력 예방, 안전사고 예방, 성폭력 예방 캠페인 활동 등

출처 : 2019학년도 학교생활기록부 기재요령_교육부

Q&A 58

학교생활기록부에 기재되는 봉사활동의 기재요령에 대해서 설명해 주세요.

봉사활동 실적에는 학교교육계획에 의해 실시하는 학교봉사활동과 학생 개인계획에 의해 실시하는 개인봉사활동의 구체적인 실적 입력이 가능합니다. 특히 학생 개인계획에 의해 실시한 봉사활동 역시 학교장이 승인한 경우만 입력할 수 있으며 청소년단체활동에서 실시한 봉사활동은 개인봉사로 입력됩니다. 다만 동아리활동(자율동아리 포함)으로 실시한 봉사활동은 인정하지 않음에 유의해야 합니다. 올해 고3의 경우 봉사활동 특기사항 입력이 가능하며 고2, 고1부터는 봉사활동 특기사항 항목이 삭제되었으며 다만 필요 시 행동특성 및 종합의견에 기록이 가능합니다.

Q&A 59

봉사시간은 어떻게 인정을 해서 학생부에 입력이 되나요?

봉사활동 시간 인정은 1일 8시간 이내로 인정하며 다만 평일 수업시간이 7교시인 경우 1시간, 6교시인 경우 2시간, 4교시인 경우 4시간, 휴업일(토요일, 공휴일, 방학, 재량휴업일)인 경우 8시간 이내로 인정합니다. 또한 교외체험학습 기간 등 학교장 출석인정 결석 기간의 봉사활동은 당일 수업시수와 봉사활동 시간을 합하여 8시간 이내로 합니다. 예를 들어 교외 체험학습일에 봉사활동 시간을 한 경우 봉사활동 당일 학교 수업(7교시)이 있다면 봉사활동은 1시간만 인정합니다. 헌혈은 1일 최대 봉사활동 인정 가능 시간의 제한을 받지 아니하고 1회당 4시간으로 연 3회(지역 교육청에 따라 다르니 확인해주세요)의 범위 내에서 실적으로 인정하고 있습니다. 한편 신종코로나바이러스로 인해 한시적으로 올해는 지역별로 봉사활동 권장시간을 제시하고 있습니다.

학교급		2020년 학생 봉사활동 연간 권장 시수	변경(안)
초등	1~3학년	5시간 이상	3시간 이상
	4~6학년	10시간 이상	7시간 이상
중등		15시간 이상	10시간 이상
고등		20시간 이상	15시간 이상

※ 코로나19로 2020년만 한시적으로 적용 (서울시교육청 적용)

Q&A 60

개인봉사활동의 실적은 어떤 과정을 통해서 확인하는지 궁금합니다.

봉사 관련 실적 연계사이트를 이용하지 않은 경우는 봉사활동 계획서를 학교장이 추천(허가)한 경우에만 봉사활동 실적으로 확인 후 입력 가능합니다. 봉사 관련 실적 연계사이트를 이용하는 경우 학교는 교육정보시스템에서 봉사활동실적 전송 자료를 확인하여 학교생활기록부에 입력하게 되어 간단한 절차로 확인이 가능합니다.

1) 실적 연계 사이트를 이용하지 않은 경우

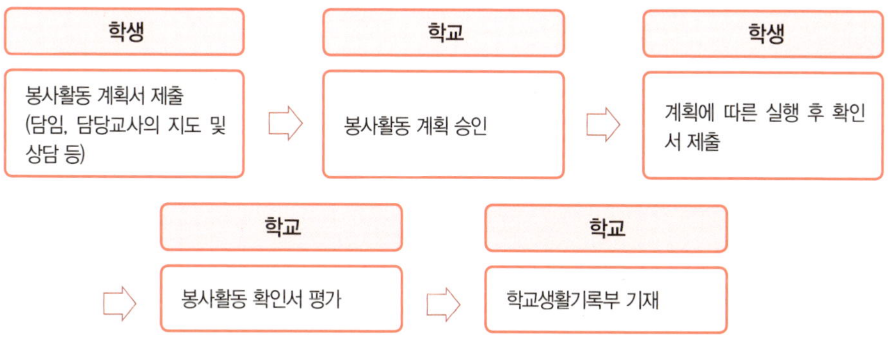

※ 사전 봉사활동 계획서를 학교장이 승인(허가)한 경우에만 봉사활동 실적으로 입력할 수 있음.

2) 실적 연계 사이트를 이용하는 경우

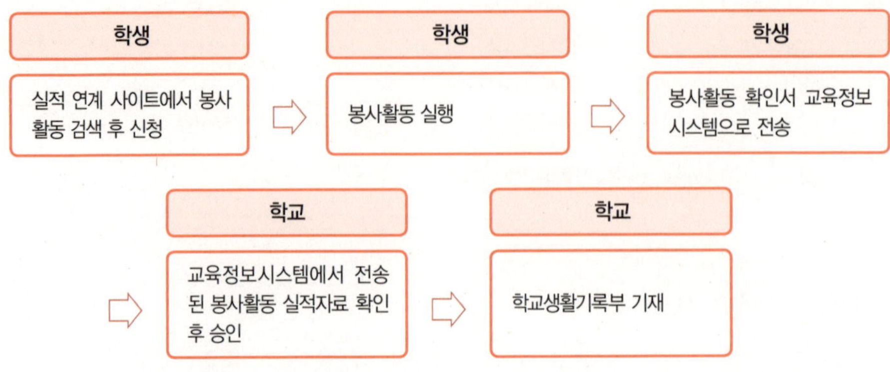

출처 : 2020학년도 학교생활기록부 기재요령_교육부

Q&A 61

봉사관련 실적 연계 사이트를 소개해 주세요.

학생 개인계획에 의한 봉사활동 실적을 입력하는 봉사 실적 연계 사이트

※ **나눔포털** : 행정자치부에서 운영(한국중앙자원봉사센터 중앙관리)하고 있는 자원봉사 포털시스템 (http://www. 1365.go.kr)

※ **VMS** : 보건복지부에서 운영(한국사회복지협의회 중앙관리)하고 있는 사회복지 봉사활동 인증관리 시스템(http://www.vms.or.kr)

※ **DOVOL** : 여성가족부에서 운영(한국청소년활동진흥원 중앙관리)하고 있는 청소년봉사활동 포털 사이트(http://dovol.youth.go.kr)

출처 : 나눔포털(http://www. 1365.go.kr)

출처 : VMS(http://www.vms.or.kr)

봉사활동 찾기

청소년활동 > 청소년자원봉사 Dovol > 봉사활동 찾기

청소년이 원하는 봉사활동을 직접 만들어서 참여하기 | 재능나눔 등록/찾기

나의 정보 · 교급 : · 직장명 :

활동영역	전체활동 / 노력봉사 / 교육(지도)봉사 / 재능봉사 / 문화봉사 / 헌혈봉사
활동지역	지역선택 / 선택 / +지역추가
교급	전체
활동일자	1주일 / 2주일 / 1개월 / 전체 / 선택 2020-04-09 ~ 2020-04-16
터전/동아리	전체 / 운영터전 / 터전동아리 / 터전/동아리명을 입력하세요.
활동명	활동명을 입력하세요.
상태	전체 / 신청가능 / 마감

검색 | 초기화

출처 : www.youth.go.kr

Q&A 62

봉사활동시간이 많을수록 유리한가요? 전공과 관련 있는 봉사활동을 해야 하나요?

봉사활동 시간은 정량적으로 평가하지 않습니다. 즉, 봉사활동 시간이 많을수록 반드시 긍정적인 평가를 받는 것은 아닙니다. 봉사활동을 평가할 때는 봉사활동의 실적 및 시간을 평가하기보다는 봉사의 내용과 진정성을 살펴봅니다. 봉사활동 기관을 선택한 동기가 무엇인지, 본인에게 어떤 의미가 있는지 그리고 어떻게 나눔을 실천하고자 했는지가 중요합니다. 또한 구체적인 경험을 통해 나타난 봉사의 지속성 여부도 평가 시 함께 고려합니다.

1 자발성·지속성을 보여주는 교내 봉사활동 사례

학년	봉사활동 실적			
	일자 또는 기간	장소	활동내용	시간
1	2017.03.02–2017.07.21 …	(학교)○○고등학교 …	학습도우미활동, 기초학력향상 …	10 …
2	2018.03.02–2018.07.20 2018.03.26–2018.06.29 2018.08.14–2019.02.15 2018.08.28–2018.12.07	(학교)○○고등학교	특수교육대상학생 도우미 학습동행 친구돕기 활동 특수교육대상학생 도우미 학습동행 친구돕기 활동	10 8 10 9

* 2021학년도 평가 시 고교명은 블라인드 처리됩니다.

학년	창의적체험활동상황		
	영역	시간	특기사항
1	봉사활동	○○	교과부진 친구(멘티)의 맞춤형 학습동반자로 활동하면서 배움 중심의 협력학습을 통해 멘티의 학력 향상에 도움을 줌. 결석 없이 매주 1회 아침 8시에 등교하여 성실성을 입증하였고 상호 존중과 배려심을 바탕으로 자아존중감을 함양함.(2017.03.02.~2017.07.21./10시간)
2	봉사활동	○○	특수교육대상학생 도우미(2018.03.02.~2019.02.15./20시간)봉사를 통해 원활한 통합수업이 이루어질 수 있도록 노력하였고 특히 수업내용, 단체활동, 모둠활동, 이동수업 등에서 장애학생이 학급에서 소외감을 느끼지 않고 소속감과 사회적 역할을 할 수 있도록 도움을 주어 주변 또래들의 긍정적인 인식을 가질 수 있도록 하여 통합 환경 적응과 학교생활 적응에 큰 도움을 줌. 학습동행 봉사활동(2018.03.26.~2018.12.07./17시간)에 멘토로 참여하여 학습동반자와 함께 배움 중심의 협력학습을 수행하여 성실성을 입증하였고, 멘티의 맞춤형 학습 동반자로서 학력향상에 도움을 주었으며 상호 존중과 배려심을 바탕으로 멘토와 멘티 모두가 발전하는 계기를 마련함.

출처 : 2021학년도 동국대학교 학생부종합전형 가이드북

Q&A 63

봉사활동 특기사항의 기재 예시들을 소개해 주세요.

봉사활동 특기사항 기재 예시를 알아보겠습니다. 다만, 2020년 고1, 고2학생은 봉사활동의 특기사항을 기록할 수 없으며, 필요 시 행동특성 및 종합의견에는 기재 가능한 것으로 확정되었습니다.

예시 1) 장애인식개선을 위한 통합교육활동(2019.07.06.)에 참여하여 특수학급 학생들의 식사를 보조하고, 체육활동을 함께 하면서 더불어 살아가는 삶의 의미를 생각해 보는 시간을 가짐. 통합학급 장애우 도우미(2018.03.01.~2019.02.28./10시간)로 1년간 활동하며 특수학급과 통합학급 간 장애우의 이동을 돕고, 분리교육 시간에 있었던 수업 내용을 정리하여 안내해 주는 등 학급활동 전반에서 장애우가 불편함 없이 학교생활을 할 수 있도록 배려하고 도와주는 역할을 수행함.

예시 2) 여름방학 기간에 다문화가정을 위한 무료진료소에서 이주민 환자의 통역(2019.07.22.~2019.07.23./12시간)을 도와주는 일을 하였으며, 이주노동자의 말 못하는 아픔에 대해 공감하고, 이들을 진료하는 의사선생님들의 모습에서 느낀 봉사의 참된 의미와 가치를 봉사활동 기록장에 작성함.

예시 3) 학급 멘토–멘티 프로그램의 학습 멘토(수학)로서 프로그램(2019.03.21.~2019.12.22./10시간)에 적극적으로 참여함. 점심시간마다 급우들에게 오답노트 정리법 등 학습 방법에 대해 조언해 주었으며, 어려운 문제의 풀이 과정을 도와주고 수행평가와 지필평가에 대해 안내해 주는 등 학습 멘토의 역할을 성실하게 수행함.

예시 4) 우유 배식 도우미(2019.03.28.~2019.12.22./10시간)로 활동하며 매일 1교시 시작 전에 교실로 학급 우유를 가지고 와서 친구들에게 나누어 줌. 결석 등으로 우유 배식을 못 받은 학생들을 위해 남은 우유는 교무실 냉장고에 보관하여 다음 날 챙겨주는 등 따뜻한 마음씨를 보임. 우유팩 정리하는 법을 학생들에게 설명해 주었으며, 우유팩을 정리하지 않고 그냥 내버려두는 친구들의 우유팩까지 정리하여 교실 환경이 청결하게 유지될 수 있도록 노력함.

Q&A 64

학생부종합전형에 지원하려면 봉사시간은 3년 동안 몇 시간 정도 되어야 하나요?

학생부종합전형 지원자들의 경우 평균 80~120시간의 봉사활동을 한다고 합니다. 하지만 오해하지 마세요. 학생부종합전형은 정성적·종합적 평가를 하기 때문에, 봉사활동 시간이나 실적이 많다고 해서 무조건 좋은 평가를 받는 것이 아닙니다. 봉사시간이나 실적보다 더 중요한 것은 봉사활동 내용입니다. 이는 바로 봉사정신, 진정성입니다. 그런 점에서 봉사활동의 자발성과 지속성, 무엇보다도 봉사활동을 통한 자신의 긍정적 변화가 중요한 것입니다. 봉사활동은 학생들의 공동체 의식, 이타심, 배려정신 등의 인성을 평가할 수 있는 영역입니다. 많은 대학에서 봉사활동을 통해 지원자의 나눔, 배려, 책임, 갈등관리, 공동체 의식 수준을 파악하고자 합니다. 진정성 있는 봉사활동을 자발적으로, 지속적으로 3년간 해나간다면 좋은 평가를 받을 수 있다고 생각합니다.

학년	봉사활동 실적				
	일자 또는 기간	장소	활동내용	시간	누계시간
1	2020.03.15.	(개인)○○구청	서류정리 보조	8	8
	2020.03.22. ~2020.04.17.	(학교)○○학교	쓰레기 분리수거	5	13
	2020.03.23.	(개인)○○도서관	서가 정리	8	21
	2020.04.03.	(학교)○○학교	봉사활동 활성화를 위한 거리홍보 캠페인	2	23
	2020.04.10.	(학교)○○동 주민센터	○○공원 청소	3	26
	2020.04.19.	(개인)○○월드컵경기장	경기장 주변 청소	2	28
	2020.04.26.	(개인)○○YWCA	○○시민통일한마당 행사 및 북한 통일자전거 보내기 운동 캠페인 참여	4	32

1	2020.05.05.	(개인)○○우편집중국	우편물분류 및 정리정돈	3	35
	2020.05.09.	(개인)○○시 종합자원봉사센터	자원봉사 교육	2	37
	2020.05.23. ~2020.05.24.	(개인)환경보전협회 ○○도지회	환경기본교육, 환경봉사활동 (하천정화활동 및 수생식물식재활동), 우수환경 시설견학	16	53
	2020.06.08.	(개인)대한적십자사 ○○혈액원	헌혈(전혈)	4	57
	2020.07.05.	(개인)국립청소년수련원	녹색성장 그린 캠페인 활동	3	60
	2020.08.08. ~2020.09.06.	(개인)○○지역아동센터	학습지도, 안전체험학습 안전지도	20	80
	2020.11.10.	(개인)대한적십자사 ○○혈액원	헌혈(성분헌혈)	4	84
	2020.12.02. ~2020.12.31.	(학교)○○학교	급식 도우미 활동	7	91

출처 : 2020학년도 학교생활기록부 기재요령_교육부

<진로활동>

Q&A 65

창의적 체험활동의 진로활동에는 세부활동으로 어떤 것들이 있는지 소개해 주세요.

자기이해활동(진로검사), 진로탐색활동(학과탐방, 직업인 만남, 산업체 탐방 등), 진로설계활동으로 나눠지며 진로를 이루기 위해 노력(진로탐구활동 포함)한 부분을 포함합니다.

영역		활동 내용(예시)
진로활동	자기이해활동	강점 증진활동–자아 정체성 탐구, 자아 존중감 증진 등 자기특성이해활동–직업 흥미 탐색, 직업적성탐색 등

진로활동	진로탐색활동	일과 직업이해활동–일과 직업의 역할과 중요성 및 다양성 이해, 직업 세계의 변화 탐구, 직업 가치관 확립 등 진로정보탐색활동–교육 정보 탐색, 진학 정보 탐색, 학교 정보 탐색, 직업 정보 탐색, 자격 및 면허 제도 탐색 등 진로체험활동–직업인 인터뷰, 직업인 초청 강연, 산업체 방문, 직업 체험관 방문, 인턴, 직업 체험 등
	진로설계활동	계획활동–진로 상담, 진로 의사 결정, 학업에 대한 진로 설계, 직업에 대한 진로 설계 등 준비활동–일상 생활 관리, 진로 목표 설정, 진로 실천 계획 수립, 학업 관리, 구직 활동 등

출처 : 2019학년도 학교생활기록부 기재요령_교육부

Q&A 66

K–MOOC, KOCW 등 인터넷 대학 강의를 통해 진로탐색 활동을 한 경우, 그 내용을 학교생활기록부 '진로활동'란에 기록할 수 있나요?

올해부터는 K–MOOC 명칭은 기록할 수 없습니다. 학교에서 대학탐색 및 전공탐색활동의 일환으로 강의를 듣고 보고서를 작성해서 제출하는 학교에서는 자율활동에 기록할 수 있습니다. 동아리활동 계획에 의해 동영상을 시청하고 토론할 때 강의내용과 토론활동을 연계하여 기록할 수 있습니다. 그리고 진로활동에서 대학 및 학과체험활동을 하고, 그 학과에서 배우는 과목을 더 자세히 알고 싶어 대학 강의를 들어보고 진로를 정하는 데 확신을 가질 수 있게 되었다고 기록할 수 있습니다.

또한 경기도 소속 초·중·고등학교 학생 및 학교 밖 청소년은 '꿈의 학교'를 신청하여 방과 후, 주말, 방학 중에 운영되는 꿈의 학교 프로그램에 참여할 수 있습니다. 특히, 꿈의 학교는 학생이 기획하고 운영하는 프로그램으로 10명 이상의 학생을 모집하고 운영이 되는 활동입니다. 그 활동사례는 학교생활기록부 진로활동에 기록이 가능합니다.

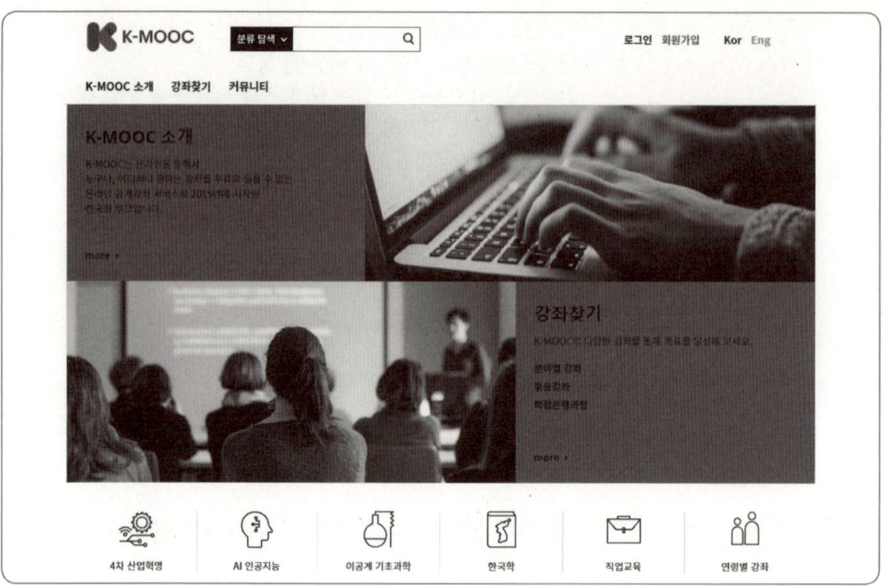

출처 : 한국형 온라인 공개강좌 K-MOOC

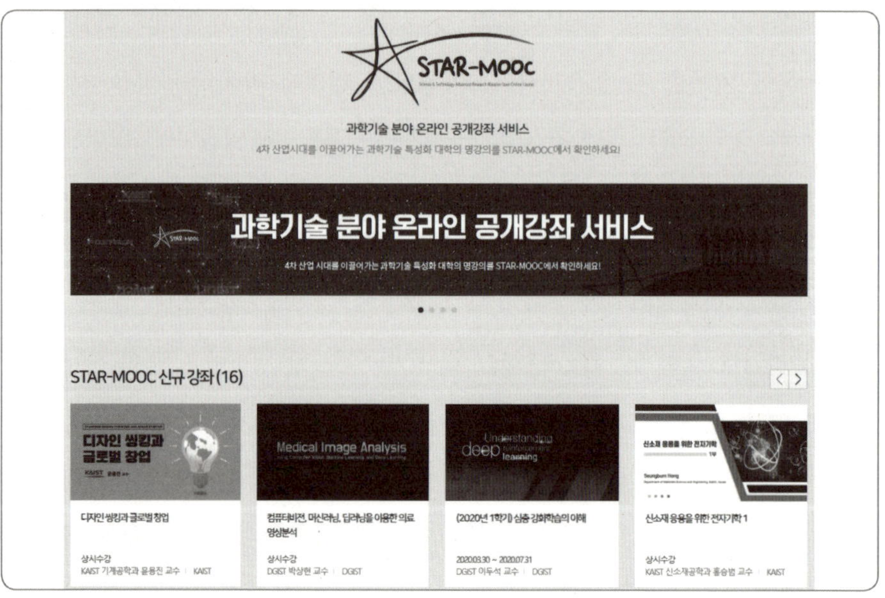

출처 : 과학기술 분야 온라인 공개강좌 STAR-MOOC

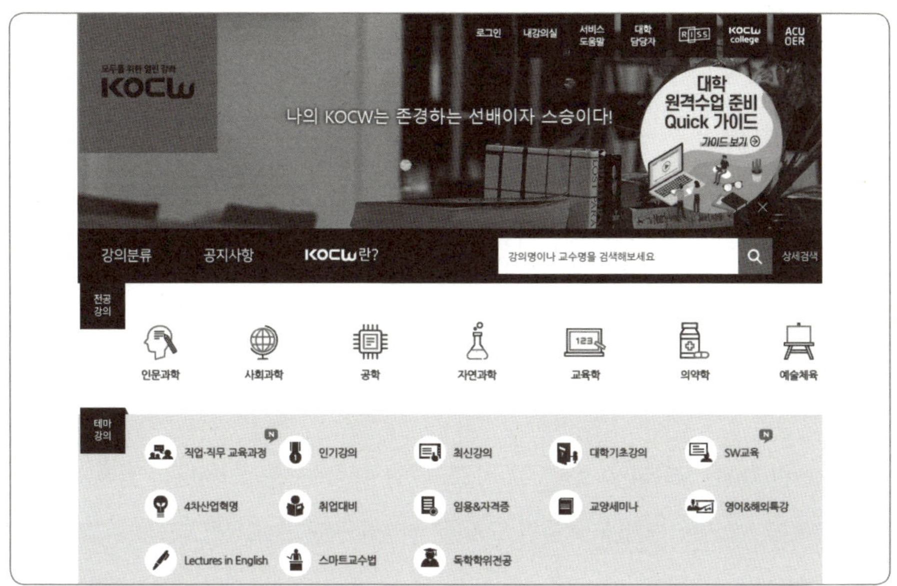

출처 : 고등교육 교수학습자료 공동활용서비스 KOCW

출처 : 경기꿈의 대학

Q&A 67

학교장의 승인을 받아 교외에서 실시한 체험활동에 참가했습니다. 이 경우 활동 내용을 '진로활동'란에 입력할 수 있나요?

동일 학교급에서 실시한 다른 학교 체험활동에 학교장 승인을 받고 참가한 경우 활동결과 내용을 창의적 체험활동 해당 영역의 특기사항란에 입력할 수 있습니다. 학교장이 승인한 교육 관련 기관에서 주최하고 국내에서 실시한 체험활동은 입력할 수 있습니다.

※ 교육 관련 기관은 교육부 및 소속기관, 시 도교육청 및 직속기관, 교육지원청 및 소속기관에 한함. [교육부 소속기관 : 대한민국학술원, 국사편찬위원회, 국립국제교육원, 국립특수교육원, 교원소청심사위원회, 중앙교육연수원(총 6개 기관), 시 도교육청 및 직속기관, 교육지원청 및 소속기관 현황은 부록을 참고]

예시) 꿈을 찾아 떠나는 직업순환체험(2019.05.04.)으로 ㅇㅇ고등학교 체험활동에 참가하여 다양한 직업의 세계를 체험하고 스스로의 흥미와 적성을 파악하기 위해 꾸준히 노력하고 있으나, 직업 결정에 대한 고민이 많아 직업 선택의 기준에 대해 상담하고 조언함.

Q&A 68

학교생활기록부에 소논문이나 R&E 활동경험 사례가 기록되어 있어야만, 좋은 평가를 받을 수 있나요?

특정한 활동이나 경험을 한 사실만으로는 긍정적인 평가를 하지 않습니다. 학업능력을 향상시키기 위한 노력은 교과수업과 수업 중 진행되는 탐구활동, 과제활동 등에서 먼저 이루어져야 합니다. 학업과 관련하여 교실과 학교 안에서 노력한 내용은 그 배경, 과정, 결과가 제출하는 서류에 잘 드러날 때 의미 있는 평가를 받을 수 있습니다. 주어진 여건 속에서 다양한 학습경험을 통해 성장하고자 하는 주도적인 노력에 의미가 있습니다. 따라서 외부의 도움을 받기보다는 자기주도적으로 선생님과 함께 하는 연구 및 탐구활동을 한 경험이 의미가 있습니다. 경험 자체가 아니라 그 안에서 개인이 경험하고 노력한 자신만의 이야기를 과정과 함께 보여준다면 좋은 평가를 받을 수 있습니다.

한편 2020년 고1, 고2 학생부터 창의적 체험활동상황에 자율탐구활동의 소논문(R&E)실적(연구 주제 및 참여인원, 소요 시간)은 기재할 수 없습니다. 다만 교육과정의 교과 성취기준에 따라 수업 중 연구보고서 작성이 가능한 과목을 수강한 경우 교과 세부능력 및 특기사항에 성취수준의 특성, 실기능력, 교과적성, 학습활동 참여도 및 태도 등을 기재할 수 있도록 하였습니다. 연구보고서 작성이 가능한 과목은 '수학과제탐구', '사회문제탐구', '융합과학탐구', '과학과제연구', '사회과제연구' 과목의 경우입니다.

예시) 건축학도를 꿈꾸는 학생 4명과 한 팀을 이루어 진로 주제 탐구 프로젝트(2019.08.11~2019.12.16/20시간)에 참여하여 '우리 지역 건축물의 내진 설계 현황'에 관심을 가지고 학생들의 아파트 내진 설계 실태를 조사하여 보고서를 작성함. 이후 선진국의 내진 설계 비율을 조사 비교하여 보고서 내용을 보강함.

Q&A 69

진로활동 특기사항의 기재 예시들을 소개해 주세요.

예시 1) 방송국 견학 체험(2019.06.20.)에서 아나운서의 안내로 공개홀과 홍보관, 뉴스센터, TV 조종실, 라디오 스튜디오를 견학하면서 방송 시설 및 방송과 직·간접적으로 관계된 업무를 체험함. VR체험존에서는 가상 스튜디오를 둘러보고, 앵커 체험에 참여하여 바른 자세와 또렷한

억양과 어조로 뉴스 진행을 하여 아나운서에게 칭찬을 받음. 이후 '아나운서 말하기 특강', '아나운서처럼 말하라'를 읽으며 진로에 대한 뚜렷한 목표를 세우게 됨.

예시 2) '직업인과의 만남' 시간(2019.06.27.)에서 동문과 학부모, 지역 인사의 특강 중 자신의 진로와 관련된 '방송작가와의 만남', '신문기자와의 만남'을 신청하였으며 직업 준비 및 경로, 직업특성과 전망, 직업선택을 위한 조언 등을 경청함. 특히, 방송작가에게 직업을 선택한 동기와 일을 하면서 가장 보람되었던 순간, 가장 힘들었던 순간 등에 대해 질문하고 기록하는 등 진로 관련 정보를 적극적으로 수집하고 체험활동 소감문을 제출함. 방송작가에 대해 자세히 알아보기 위해 '방송작가가 말하는 방송작가', '나의 직업 방송 작가'를 읽음.

예시 3) 미래의 명함 만들기(2019.06.22.)와 미래의 이력서 만들기(2019.06.29.)를 통해 아동가정학 분야의 구체적인 직업과 관련 자격증을 찾아봄. 나의 꿈 찾기 시간(2017.07.06.)에 역할극 모델로 유치원교사를 선택하여 자신의 진로 중 한 분야를 간접 체험해 보고 꿈을 이루기 위해서는 무엇보다 아이들을 사랑하는 따뜻한 마음이 중요하다고 발표함. '직업체험 발표하기' 시간(2019.10.19.)에 명확하고 분명한 표현력으로 CCTV 설치의 장점과 단점을 설명하고, 교실 이외의 지역 CCTV 설치율이 2.38%에 불과하다는 기사를 예로 들며 매년 증가하고 있는 아동학대와 유치원 안전사고에 대비하여 CCTV 설치를 의무적으로 설치해야 한다고 발표함.

예시 4) 보건 의료 관련 직업에 대한 관심과 흥미로 응급처치법(2019.05.16.), 장애체험(2019.06.23.), 병원탐방체험(2019.07.11.) 등에 참여하였고, 간호사로서 갖추어야 할 자질과 가치관을 찾아본 결과, 과학에 대한 기본 소양과 함께 따뜻한 배려심과 스스로를 통제할 줄 아는 절제력이 필요함을 알고 이를 진로기록장에 작성함. 이후 진로탐색을 위해 '나는 간호사 사람입니다', '안녕 간호사'를 읽으며 간호사 진로를 키워나감.

예시 5) 건축디자인설계와 관련된 직업을 조사한 후, 진로 관련 엽서 쓰기 활동(2019.05.19.)에서 건축 전시회를 탐방하며 알게 된 건축가에게 편지를 씀. 진학설계노트를 작성하며 건축설계사라는 장기적인 진로 목표를 세우고, 이와 관련된 기초적인 취업 역량을 찾아 구체적인 진학목표를 세워나감. 진로 주제 발표 시간(2019.06.16.)에 '40살의 나에게 쓰는 편지'를 주제로 자신의 꿈과 비전을 조리 있게 발표함.

Q&A 70

창의적 체험활동 중 진로활동은 주로 어떻게 평가하나요?

진로활동은 진로와 관련한 학생 활동과 태도 변화, 상담 내용 등이 작성되는 부분으로 학생들이 자신의 진로를 위해 얼마나 자기 주도적으로 꾸준히 노력했는지를 총체적으로 살펴볼 수 있습니다. 학교생활을 통해 체험할 수 있는 여러 가지 진로활동에서 희망진로와 꿈을 찾아가는 과정을 파악할 수 있습니다. 진로활동은 학생부의 다른 영역과도 연계되어 평가되는 사항으로 진로희망사항, 수상경력, 동아리활동, 세부능력 및 특기사항, 행동특성 및 종합의견, 자기소개서 4번의 내용과 함께 연계되어 지원자의 지원동기에 대한 타당성을 확인합니다.

1 진로탐색의 과정을 보여주는 사례

학년	창의적 체험활동 상황		
	영역	시간	특기사항
1	진로활동	○○	법조인 진로특강에 참석하여 ○○지방법원 판사의 '법조인의 역할과 사회적 책무'라는 주제 강연에 참석하여 실제 법조인의 역할과 현실에 대해 알게 됨. 현실 속 법조인의 모습을 알게 된 후, 자신의 진로인 국제공무원의 현실에 대해서도 궁금증을 가지게 되어 해당 분야 종사자들의 실제 이야기에 대한 책(꿈결 잡시리즈-외교관/국제기구 종사자 이야기)을 찾아 읽음. 사회를 위해 일하는 사람들의 사회적 책무에 대해 생각해 보는 계기가 됨.

2	진로활동	○○	평소 일상생활 속에서 여러 사람의 특정 행동 원인에 대해 관심을 가지던 중, ○○○ winter school에서 심리학 강의를 수강함. 이 강의를 통해 자아심리학에 관심을 가지게 되었으며, 개인의 어떤 특정 행동은 과거의 경험에 의한 무의식의 결과일 수 있다는 내용을 주제로 발표함. 개인의 문제가 사회문제로 확장될 수 있다는 점에서 사회 안정을 위한 공익적인 측면에서의 심리상담 등 제도적 차원에서 사회적 준비가 필요함을 강조함.
3	진로활동	○○	사회 불평등 현상에 대한 프로젝트를 통해 경제가 발전함에 따라 경제적 불평등이 완화될 것이라는 자신의 가설에 문제가 있음을 밝히고, 오히려 불평등 현상이 심화될 수 있을 것이라는 내용을 주제로 발표함. 이후 경제적 불평등을 심화시키는 요인에 대해 알아보기 위해 '도시는 왜 불평등한가(리처드 플로리다)'를 읽고 사회적 불평등을 해결하기 위한 정책에 대해 살펴보고 복지 행정에 대한 자신의 진로를 구체화함.

출처 : 2021학년도 동국대학교 학생부종합전형 가이드북

Q&A 71

창의적 체험활동 진로활동 유의사항 및 고1,2 변경사항을 알려주세요.

창의적 체험활동의 실적은 한 개 영역에 입력하고 다른 영역에 중복되어 입력되지 않도록 유의해야 합니다. 진로활동의 특기사항에 활동실적(내용)의 단순한 나열식 입력은 지양하며 주의할 사항은 진로체험활동에 참가한 구체적인 특정 대학명, 기관명, 상호명, 강사명은 입력하지 않습니다. 그러나 교육 관련기관(교육부 및 소속기관, 시도교육청 및 직속기관, 교육지원청 및 소속기관의 경우에는 기관명을 입력할 수 있으며 해당기관은 부록5에서 확인하기 바랍니다. 2020년 고1, 고2 학생의 경우는 진로희망사항 항목이 삭제되고 '희망 분야'라는 이름으로 진로활동에 기재가 되며 대학진학 시 상급학교에 제공이 되지는 않습니다.

<교과학습 발달상황>

Q&A 72

학생부종합전형에서 교과성적은 어떤 방식으로 반영되나요?

학교생활기록부 교과성적을 반영하는 방법은 크게 두 가지로 구분할 수 있습니다. 첫째, 정량적으로 반영하여 서류평가에 일정 비율로 반영하거나 일정배수의 1단계 통과자를 선발하는 데 활용하는 방법이 있습니다. 이 경우 학교생활기록부의 교과성적 반영 비율과 반영 교과목은 대학별 모집요강을 참고하여 성적을 산출할 수 있습니다. 또한 해당 대학 내신 산출프로그램을 활용하여 산출할 수 있습니다. 둘째, 정성적으로 반영하는 방법입니다. 해당 전공 분야에 적합한 학업능력을 갖추고 있는지 관련 교과목의 성적(이수자 수, 원점수, 평균, 표준편차, 이수한 교과목)을 중요하게 반영합니다.

또한 교과별 세부능력 및 특기사항 항목의 기재내용과 독서, 창의적 체험활동, 진로활동 등을 유기적으로 연계하여 교과목의 성적 수치로 판단하기 힘든 학업역량을 심층적으로 평가합니다.

Q&A 73

학생부종합전형에서 실제 교과성적 평가하는 예시가 궁금합니다.

1 비교를 통한 교과학습발달상황의 정성 평가 사례

지원자 A					지원자 B				
교과	과목	단위수	원점수/과목평균(표준편차)	석차등급(수강자수)	교과	과목	단위수	원점수/과목평균(표준편차)	석차등급(수강자수)
국어	독서와 문법	6	84/60.2 (17.2)	2(332)	국어	화법과 작문	5	88/61.4 (17.9)	2(296)

수학	기하와 벡터	5	94/61.9 (20.1)	1(138)	수학	기하와 벡터	5	83/64.9 (17.3)	3(166)
영어	영어독해와 작문	5	88/63.7 (23.9)	3(332)	영어	영어II	5	90/61 (18.3)	2(296)
사회	세계지리	2	75/60.8 (17.8)	4(138)	사회	사회·문화	1	90/50.4 (21.4)	2(166)
과학	물리II	3	90/85.2 (8.1)	4(60)	과학	화학II	4	74/61.7 (17.3)	4(33)
과학	화학II	3	95/61.7 (21.0)	1(103)	과학	생명과학II	4	85/60.9 (20.6)	3(102)
기술가정 제2외국어 한문 교양	한문II	2	86/79.4 (13.1)	4(332)	기술가정 제2외국어 한문 교양	과제연구	2	83/64.1 (16.6)	3(166)
	중국어I	2	73/69.4 (17.2)	5(117)		중국어I	2	91/70 (19.6)	2(166)
	정보	2	91/65.3 (15.7)	2(138)		스포츠 과학	2	–	A
계		30	평균등급	2.89	계		30	평균등급	2.63

출처 : 2021학년도 동국대학교 학생부종합전형 가이드북

※ 해당 사례는 2020학년도 지원자의 사례로 2021학년도 지원자의 교과학습발당상황과 다를 수 있습니다. 어떠한 형태로 평가가 이루어질 수 있는지에 대한 사례로 참고하여 주시길 바랍니다.

평가 1) 수강자 수를 통해 자연계열을 이수한 학생들이며, 두 학생의 학교 모두 과학교과를 선택하여 이수할 수 있는 교육과정이 운영됨을 확인할 수 있습니다. 두 학생이 만약 물리 역량이 요구되는 학과에 지원한다면 선택하여 이수한 교과목에 따라 학습태도의 주도성이 평가될 것입니다. 하지만 반드시 교과학습발달상황에서만 전공적합성을 평가하는 것은 아닙니다. 독서활동, 창의적 체험활동 등 학교생활 속 다양한 학습경험을 통해 전공에 대한 관심을 나타낼 수 있습니다.

평가 2) 평균교과등급만으로 비교하면 지원자 B가 2.63등급으로 지원자 A보다 우수합니다. 하지만, 지원하는 학과가 자연계열 학과라면 다르게 평가될 수 있습니다. 자연계열 학과에서 요구되는 수학, 과학 교과를 비교해 보면, 지원자 A가 우수합니다. 이 경우를 서류평가항목과 연관

지어 본다면, 지원자 A 학생은 전공 관련 교과가 우수하므로 전공적합성에서 긍정적인 평가를, 지원자 B는 전반적인 학업역량이 우수하므로 자기주도적 학습능력에서 긍정적인 평가를 받을 수 있습니다.

평가 3) 국어, 영어, 수학, 사회, 과학 등의 주요 교과목 외의 제2외국어, 기술·가정 과목 등을 통해 성실성을 평가할 수 있습니다. 지원자 A의 중국어 I, 한문 II 과목의 성취도는 상대적으로 부족합니다. 이러한 경우, 앞서 전공적합성에서는 긍정적인 평가를 받았더라도, 인성 및 사회성에서는 다소 아쉬운 평가를 받을 수 있습니다. 하지만, 단순히 등급만을 가지고 판단해서는 안 됩니다. 가령 등급이 낮더라도 원점수와 해당 과목의 평균, 표준편차 등을 통해 해당 평가의 변별이 조금 낮았거나 경쟁이 치열하게 이루어진 경우일 수도 있습니다. 따라서 이러한 모든 부분을 종합적으로 고려하여 평가된다는 것을 잊지 말아야 합니다.

평가 4) 지원자 A의 '물리 II' 4등급에 대해서는 이렇게 평가될 수 있습니다.

- 주도적인 학습태도로 다수의 학생이 선택하는 과목이 아닌 진로와 관련 있는 과목을 선택한 것에 대한 긍정적 평가 가능
- 물리에 대한 학습경험을 교과를 통해 확인이 가능
- '4등급'의 절대적인 숫자가 아닌 원점수와 해당 과목의 평균, 표준편차 등을 통해 학생의 성취 수준 확인 가능
- 해당과목 관련 세부능력 및 특기사항 등의 확인을 통해 학업역량과 전공 관심도에 대한 긍정적 평가가 가능
- 물리에 대한 학업 우수성 및 성취도는 다른 학기에 이수한 공통과학, 물리 I 등과의 위계성 및 과목 특성을 고려하여 평가

Q&A 74

교과학습발달상황의 전체 교과목 성적은 높은 편인데, 지원학과와 관련된 교과목 성적이 낮다면, 평가에 불리한가요?

학생부종합전형은 지원자의 학업역량과 잠재역량, 인성 등을 정성적으로 평가하는 전형입니다. 일반적으로 학생부종합전형을 준비하는 학생들은 고등학교 1학년이나 2학년 초반부터 자신의 진로를 정하여 지원하고자 하는 학과에 관련된 독서와 체험활동을 통해 심층적인 지식을 습득합니다.

따라서 관련 교과성적도 다른 교과에 비해 상대적으로 높은 편입니다. 하지만 청소년기에는 진로와 관심 분야가 빈번하게 바뀔 수 있는 시기이므로 어떤 계기로 전공이나 진로가 변경되었다면, 이 경우 지원학과와 관련된 교과성적이 상대적으로 낮을 수 있습니다. 그럴 경우 관련된 비교과활동에 대한 관심과 참여를 보여주거나 학업 외적인 활동과 진로에 대한 탐색 등을 보여주는 것이 좋습니다. 예를 들면, 건축학과를 희망하고 다양한 건축물을 답사하다가 에너지를 효율적으로 사용하는 제로하우스에 관한 건축 재료를 조사하면서 신소재공학과로 진로를 변경할 수 있습니다. 이때 수학, 물리에 관한 성적은 좋으나 상대적으로 화학과 생명과학 성적은 낮을 수 있습니다.

하지만 신소재공학과로 진로가 변경된 명확한 이유가 있기에 충분히 관련 교과목 성적이 낮은 부분을 이해해주지만, 신소재공학에서 자신의 꿈을 어떻게 이룰 것인지 구체적이면서 심층적인 활동을 한다면 좋은 평가를 받을 수 있습니다.

Q&A 75

교과 내신등급을 낼 때 동점자가 많을 경우 어떻게 등급을 부여하는지 궁금합니다.

단위학교 학업성적 관리규정에 의해 동점자(동석차)가 발생했을 경우는 중간

석차를 적용하여 등급을 부여합니다.

중간석차 = 석차 + (동석차 인원수-1) / 2

예시) 수강자수 96명인 과목에서 1등 동점자가 7명인 경우 : 수강자수가 96명인 경우 정상적으로 처리되면, 1등급 학생은 4명이나 현재 1등인 학생이 7명이므로, 중간석차백분율을 적용하면 4.17%이므로 모두 2등급을 부여합니다.

중간석차 = 석차 + (동석차 인원수-1) / 2 = 1 + (7-1) / 2 = 4
중간석차백분율 = 4 / 96 × 100 = 4.17% 이므로 이 경우 모두 2등급을 부여하므로 1등급인 학생이 없게 됩니다.

Q&A 76

교육환경이 비슷한 일반고에서 비슷한 내신 등급을 가진 학생들이 매우 많은데, 이런 경우 대학에서 교과 내신을 어떻게 평가하나요?

학생부종합전형은 교과성적을 정량적으로 산출하여 반영하지 않습니다. 학교생활기록부, 자기소개서 반영비율이 각각 따로 있지 않듯이, 학교생활기록부상의 내신성적 반영비율이 따로 설정되어 있지 않습니다. 학생의 기초학업능력 및 전공수학능력을 평가하기 위해서 학교생활기록부의 교과학습발달상황의 교과등급, 성적 변화추이, 이수과목 및 단위 등을 종합적으로 고려하여 평가합니다. 학교생활기록부의 교과학습발달상황(교과영역)이 평가되는 항목은 서류평가 항목 중 주로 기초학업역량과 전공수학역량입니다. 기초학업역량은 교과학습발달상황의 교과등급을 전반적으로 평가하며, 전공수학역량은 전공과 연계되는 교과 또는 과목을 중심으로 종합평가합니다. 예를 들어 역사교육학과를 지원한다면 한국사, 한국지리, 세계지리, 한문 등이 지원학과에 밀접한 교과목입니다. 이처럼 전공 관련 교과목 성적이 높거나, 지속적으로 성적이 향상되는 경우에는 정성평가에서 긍정적인 평가를 받을 수 있습니다.

Q&A 77

2015개정 교육과정이 적용되는 경우 교과성취도 입력 방식은 어떻게 되나요?

2020학년도 모든 고등학교는 2015 개정 교육과정이 적용됩니다. 단, 고등학교 3학년은 진로 선택과목에서 성취도와 석차등급을 같이 표시합니다.

〈예시〉 2015 개정 교육과정(2018학년도 신입생 - 2020학년도 고등학교 3학년)

<table>
<tr><th colspan="3" rowspan="2">구 분</th><th colspan="3">원점수/과목평균
(표준편차)</th><th colspan="2">성취도(수강지수)</th><th rowspan="2">석차
등급</th><th rowspan="2">비 고</th></tr>
<tr><th>원점수</th><th>과목
평균</th><th>표준
편차</th><th>성취도</th><th>수강
지수</th></tr>
<tr><td rowspan="5">보통교과</td><td colspan="2">공통과목</td><td>○</td><td>○</td><td>○</td><td>5단계</td><td>○</td><td>○</td><td>• (성취도 3단계) 과학탐구실험</td></tr>
<tr><td rowspan="2">일반
선택
과목</td><td>기초/탐구/
생활·교양</td><td>○</td><td>○</td><td>○</td><td>5단계</td><td>○</td><td>○</td><td>• 교양 교과(군) 제외</td></tr>
<tr><td>체육·예술</td><td>–</td><td>–</td><td>–</td><td>3단계</td><td>–</td><td>–</td><td>• 수강자수 입력하지 않음</td></tr>
<tr><td colspan="2">진로 선택 과목
※기초/탐구/생활·교양/체육·예술</td><td>○</td><td>○</td><td>○</td><td>3단계</td><td>○</td><td>○</td><td>• 진로선택으로 편성된 '전문교과 Ⅰ·Ⅱ' 포함
• 교양 교과(군) 제외</td></tr>
<tr><td colspan="2">교양 교과(군)</td><td>–</td><td>–</td><td>–</td><td>P</td><td>–</td><td>P</td><td></td></tr>
<tr><td colspan="3">전문교과Ⅰ</td><td>○</td><td>○</td><td>○</td><td>5단계</td><td>○</td><td>○</td><td>• (성취도 3단계) 융합과학 탐구, 과학과제 연구, 물리학 실험, 화학 실험, 생명과학 실험, 지구과학 실험, 사회 탐구 방법, 사회과제 연구</td></tr>
<tr><td colspan="3">전문교과Ⅱ</td><td>○</td><td>○</td><td>○</td><td>5단계</td><td>○</td><td>–</td><td>• 석차등급은 산출하지 않음</td></tr>
</table>

<table>
<tr><td>전문교과Ⅲ</td><td>○</td><td>○</td><td>○</td><td>5단계</td><td>○</td><td>–</td><td>• 석차등급은 산출하지 않음
• 특수교육 교육과정을 운영하는 학교에 한함</td></tr>
<tr><td>보통교과 및 전문교과 Ⅰ 중 수강자수 13명 이하인 과목</td><td>○</td><td>○</td><td>○</td><td>교과(군)별 3단계 또는 5단계</td><td>○</td><td>‘·’ 또는 ‘○등급’</td><td>• 보통교과 체육·예술 교과(군)의 일반 선택 과목, 교양 교과(군)의 과목 제외</td></tr>
<tr><td>학교 간 통합 선택교과(공동 교육과정) 과목</td><td>○</td><td>○</td><td>○</td><td>교과(군)별 3단계 또는 5단계</td><td>○</td><td>–</td><td>• 보통교과 체육·예술 교과(군)의 일반 선택 과목, 교양 교과(군)의 과목 제외</td></tr>
</table>

출처 : 2020학년도 학교생활기록부 기재요령_교육부

〈예시〉 2015 개정 교육과정(2019, 2020학년도 신입생 – 2020학년도 고등학교 1, 2학년)

<table>
<tr><th colspan="3" rowspan="2">구 분</th><th colspan="3">원점수/과목평균(표준편차)</th><th colspan="2">성취도(수강자수)</th><th rowspan="2">석차등급</th><th rowspan="2">비 고</th></tr>
<tr><th>원점수</th><th>과목평균</th><th>표준편차</th><th>성취도</th><th>수강자수</th></tr>
<tr><td>보통교과</td><td colspan="2">공통과목</td><td>○</td><td>○</td><td>○</td><td>5단계</td><td>○</td><td>○</td><td>• (성취도 3단계) 과학탐구실험
※과학탐구실험은 석차등급 미 산출</td></tr>
<tr><td rowspan="4">보통교과</td><td rowspan="2">일반 선택 과목</td><td>기초/탐구/생활·교양</td><td>○</td><td>○</td><td>○</td><td>5단계</td><td>○</td><td>○</td><td>• 교양 교과(군) 제외</td></tr>
<tr><td>체육·예술</td><td>–</td><td>–</td><td>–</td><td>3단계</td><td>–</td><td>–</td><td>• 수강자수 입력하지 않음</td></tr>
<tr><td colspan="2">진로 선택 과목
※기초/탐구/생활·교양/체육·예술</td><td>○</td><td>○</td><td>–
※ 성취도별 분포비율 입력</td><td>3단계</td><td>○</td><td>–</td><td>• 진로선택으로 편성된 ‘전문교과 Ⅰ·Ⅱ’ 포함
• 교양 교과(군) 제외
• ‘석차등급’ 및 ‘표준편차’ 삭제, ‘성취도별 분포비율’ 입력</td></tr>
<tr><td colspan="2">교양 교과(군)</td><td>–</td><td>–</td><td>–</td><td>P</td><td>–</td><td>P</td><td></td></tr>
</table>

전문교과Ⅰ	○	○	○	5단계	○	○	• (성취도 3단계) 융합과학 탐구, 과학과제 연구, 물리학 실험, 화학 실험, 생명과학 실험, 지구과학 실험, 사회 탐구 방법, 사회과제 연구
전문교과Ⅱ	○	○	○	5단계	○	–	• 석차등급은 산출하지 않음
전문교과Ⅲ	○	○	○	5단계	○	–	• 석차등급은 산출하지 않음 • 특수교육 교육과정을 운영하는 학교에 한함
보통교과 및 전문교과 Ⅰ 중 수강자수 13명 이하인 과목	○	○	○	교과(군)별 3단계 또는 5단계	○	'·' 또는 '○등급'	• 보통교과 공통과목 과학탐구실험, 진로선택 과목(진로선택으로 편성된 전문교과포함), 체육·예술 교과(군)의 일반선택 과목, 교양 교과(군)의 과목 제외
학교 간 통합 선택교과 (공동 교육과정) 과목	○	○	○	교과(군)별 3단계 또는 5단계	○	–	• 보통교과 진로선택과목(진로선택으로 편성된 전문교과포함), 체육·예술 교과(군)의 일반 선택 과목, 교양 교과(군)의 과목 제외

출처 : 2020학년도 학교생활기록부 기재요령_교육부

Q&A 78

교과세부능력 및 특기사항이 무엇이며 기재요령에 대해서 설명해 주세요.

과목별 교과세부능력 및 특기사항은 교과담당교사가 지필평가와 수행평가 결과를 토대로 과목별 성취기준에 따른 성취수준의 특성 및 참여도 그리고 학습목표 성취를 위한 자기주도적인 학업태도의 변화와 성장 정도를 중심으로 과목별 500자 기록합니다. 방과후 학교는 2020학년도 고3학년에 한하여 교과담당 및 담임교과 강좌명(주요내용)과 이수시간만을 기재하며, 고1, 2부터는 방과

후 학교 활동상황은 기재되지 않습니다. 한편 정규교육과정의 교과 성취기준에 따라 수업 중 연구보고서 작성이 가능한 과목은 특기할 만한 사항이 있는 과목 및 학생에 대하여 연구보고서명을 제외하고 '세부능력 및 특기사항'을 기재할 수 있습니다. 2015개정 교육과정에서 연구보고서 작성가능한 과목은 '수학과제탐구', '사회문제탐구', '융합과학탐구', '과학과제연구', '사회과제연구' 과목이 있습니다.

Q&A 79

교과세부능력 및 특기사항을 대학에서는 어떻게 평가하나요?

학교생활기록부에서 중요도가 계속 높아지고 있는 영역이 바로 세부능력 및 특기사항입니다. 학교생활에 대부분을 차지하고 있는 수업시간에 대한 기록이며, 평가항목에서 확인하고자 하는 내용이 모두 포함되어 있기 때문입니다. 교과 성적만으로는 확인하지 못하는 수업참여 과정에서의 성실성 및 적극성, 제한적 교육환경을 극복한 모습, 전공 관련 학습 경험 등을 평가에 반영합니다.

따라서 학생들은 과제 수행과정 및 결과, 수업시간 내 토론, 모둠활동, 주도적 발표 등을 통해 학업역량, 전공적합성과 연결 지을 수 있습니다. 이러한 요소들은 자기소개서의 소재 및 면접 질문문항이 될 수 있기에 교과를 통해 배우고 익힌 내용을 교과 세특에 기록하는 것이 중요합니다. 2021학년도 한양대 학종 가이드북에서 비판적 사고역량, 창의적 사고역량, 자기주도역량, 소통·협업역량 세부능력 및 특기사항 학생부 사례를 알아보겠습니다.

비판적 사고역량 확률과 통계 세특 사례

풀이 과정에서 논쟁거리가 될 법한 요소를 잘 찾아내어 그 논리에 대해 토론하는 과정을 통해 자신은 물론이고 다른 친구들의 수학적 사고력을 향상시킴. 탐구심이 높아 모르는 내용이 있으면 항상 비판적인 질문을 통해 제 것으로 소화하는 좋은 습관을 갖고 있으며 이러한 과정을 통해 매 수업시간을 생동감 있게 만듦. 또한 새로운 개념을 학습할 때 이미 알고 있는 내용이나, 타 교과에서 배운 내용과 연관시켜 사고를 확장해 나가는 태도도 보기 좋음. '통계로 바라보는 세상' 글쓰기 시간에 통계 자료를 바탕으로 4대강의 수질오염 현황을 파악함. 통계에서 낙동강의 수질오염도가 다른 강과 다른 분포를 가진 것에 의문을 품고 별도 조사한 결과, 2011년 갑작스러운 수질오염도의 낙폭이 있었던 이유는 그해 실시된 수질오염개선책 때문이라는 분석적 사고를 보여줌. 이를 통해 통계는 논리적 사고 과정의 윤활유 역할을 한다는 것을 습득함.

창의적 사고역량 문학 세특 사례

섬세한 읽기를 바탕으로 문학작품의 내용과 형식이 긴밀히 연관되어 있음을 잘 이해하고 다양한 맥락에서 감상함. 채만식의 소설 〈탁류〉를 읽고, 작품의 배경인 금강의 흐름과 초봉의 삶을 연계하여 그 의미를 파악하고 주제의식을 깊이 이해함. 문학사에 대한 수업을 들은 뒤에는 고려가요 모음집, 무진기행 등 시대별 문학 직품들을 문학사와 한국사를 비교하여 맥락을 파악하려 노력함. 관심의 저변을 넓혀 문학작품에 반영된 시대상을 알아가는 것에 흥미를 느껴 근대 문학사를 정리하면서 전쟁, 독재, 산업화 등으로 인한 인간소외 현상이 현재에도 지속되고 있음을 지적하고 인간중심적 사고와 기술의 진보가 조화를 이루어야 한다는 내용의 발표를 함. 인간과 사회를 바라보는 깊이 있는 시각과 더불어 우수한 표현력을 드러낸 발표였음. 또한 강은교의 '우리가 물이 되어'를 배운 뒤 '물'과 같이 자신에게 생명력을 불어넣어 주는 소재를 찾아 글을 작성하고, 고려가요 '동동'을 배운 뒤 월령체 형식을 모방하여 학교생활을 월별로 풀어낸 시를 창작해내는 등 문학작품에 대한 기본적 이해와 응용력이 뛰어난 학생이라고 판단되었음.

자기주도역량 물리II 세특 사례

물리II교과에 대한 호기심이 아주 많은 학생으로 물리학의 기본 개념을 잘 정리하고 그 원리를 정확히 이해함. 동아리 활동 등을 통해 더 알고 싶은 내용은 친구들과 토론하며 실험으로 확인하는 노력을 기울이고 부족한 부분은 선생님의 도움을 받아 반복적인 학습으로 물리 분야에 대한 큰 성취 결과를 보여줌. 물리 법칙들을 더 잘 이해하기 위해 이론적인 개념들에 더 큰 호기심을 보이며 단순한 암기보다 공식 등의 유도 과정을 정확히 이해하고 원리를 알고 유도 방법을 익힘. 영화 속 물리학 찾기 수행평가로 영화 '앤트맨(2015)', '앤트맨과 와스프(2018)'를 보고 양자 세계에 대해 관심이 생겨 양자 물리에 대해 개인적으로 조사를 함. 이를 더 발전시켜 터널링현상과 양자역학, 다이오드의 원리 등과 접목하여 보고서를 제출하였고, 수업시간 중 발표하여 친구들과 선생님께 큰 호응을 받음. 이에 그치지 않고 조사 과정 중 알게 된 에사키 다이오드가 교과 과정에서 학습한 '미시세계와 양자현상'과 관련이 있다는 것에 호기심이 생겨 '파인만의 여섯 가지 물리 이야기', '세상에서 가장 쉬운 양자역학 수업(리마오)'을 읽는 등 스스로 심화 학습하는 능력이 뛰어남.

소통·협엽역량 한국지리 세특 사례

'살고 싶은 지역 만들기 프로젝트'활동에서 조장을 맡아 자신의 의견만을 고집하지 않고 조원들의 의견을 진지하게 경청해 주고 수용하며, 부드러운 리더십으로 조원들의 협력을 이끌어 내어 프로젝트를 성공적으로 운영함. 도농복합도시로 다문화가정이 많은 00시의 특성을 고려하여 문화의 포용성에 대한 교육 자료인 '너와 내가 함께 사는 00시'를 제작하여 친구들의 관심을 불러일으킴. 처음에는 인근 지역 중학교를 방문하여 직접 교육을 진행하는 방안을 계획했지만 수업 등으로 인해 섭외에 어려움을 겪음. 이에 해당 내용을 1분 30초짜리 UCC로 제작하고 학교 SNS에 업로드하여 배포함. 또한 프로젝트 종료 후에도 인근지역 중학교의 다문화가정 학생 대상 학습 멘토링을 한 학기 동안 진행하여 인식변화뿐만 아니라 실질적인 도움을 제공함.

Q&A 80

학생부종합전형에서 지원하는 대학의 특정 모집단위별로 반영 교과가 정해져 있나요?

학생부종합전형에서 지원하는 모집단위별 중요한 특정 교과목이 정해져 있는 전형은 아니지만 일반적으로 혹은 대학에 따라서는 대학입학 후 해당 모집단위의 전공과목을 이수하기에 적합한 고교시절 선수과목을 참고하는 것도 도움이 됩니다. 물론 지원하는 모집단위의 상대적인 탁월함을 보여주는 학업역량도 중요하지만 관련성이 없어 보이는 교과목 역시 소홀히 하지 않도록 성실하게 준비하는 것도 중요합니다.

학과명	전공 관련 교과목	전공 관련 비교과
국어국문학과	국어, 영어, 한문	독서논술교육, 다문화교육, 고전연구반, 교지편집반
중어중문학과	중국어, 한문	중국어회화반 등 중국 관련 동아리
영어영문학과	국어, 영어, 사회문화	독서 논술교육, 다문화교육, 진로와 직업탐색, 문학동호회, 시사영어소모임, 영어고사준비소모임, 원어연극
독어독문학과	국어, 영어, 제2외국어(독일어)	국제이해교육, 독서논술교육, 창의성교육, 논술반 독서반, 시사탐구토론반
불어불문학과	영어, 세계지리, 세계사	국제이해교육, 다문화교육, 창의성교육, 고전연구반, 독서반, 영어회화토론반
노어노문학과	국어, 사회 문화, 제2외국어(러시아어), 영어	국제이해교육, 독서논술교육, 다문화교육, 독서반 시사탐구토론반, 역사문화탐구반
철학과	사회, 윤리, 역사, 영어, 국어, 한문	철학토론동아리
사학과	국어, 국사, 세계사	국제이해교육, 독서논술교육, 향토교육, 고전연구반, 독서반, 역사문화탐구반
고고미술사학과	국사, 한국근현대사, 한문, 제2외국어(중국어)	독서논술교육, 창의성교육, 향토교육, 논술반, 독서반, 역사문화탐구반
사회학과	국어, 영어, 사회문화	경제교육, 독서논술교육, 인권평화교육, 교지편집반, 시사탐구토론반, 역사문화탐구반
심리학과	국어, 영어, 수학	독서 논술교육, 민주시민교육, 인권평화교육, 고전연구반, 독서반, 시사탐구토론반

행정학과	국어, 영어, 정치, 국사, 법과사회	독서 논술교육, 창의성교육, 독서반, 시사탐구토론반
정치외교학과	국어, 영어, 정치	독서 논술교육, 정서교육, NIE교육, 논술반, 영소설독해반, 영어회화토론반
경제학과	경제, 수학, 정치	경제 관련 이슈 토론동아리, 경제신문탐독모임
수학과	수학, 영어, 물리	독서논술교육, 정보통신윤리교육, 진로와 직업탐색 창의성교육, NIE교육, 과학탐구실험반, 수리탐구논술반
정보통계학과	국어, 영어, 수학	국제이해교육, 진로와 직업탐색, 창의성교육, 생명탐구반, 수리탐구논술반, 컴퓨터반
물리학과	물리1,2	과학실험동아리
지구환경과학과	영어, 지구과학, 세계지리	독서 논술교육, 생태체험학습환경교육, 창의성교육, 과학탐구실험반, 생명탐구반, 컴퓨터반
화학과	수학, 물리, 화학	독서논술교육, 에너지교육, 창의성교육, 독서반, 과학탐구실험반, 수리탐구논술반
생물학과	생물, 영어	독서논술교육, 창의성교육, 독서반, 과학탐구실험반, 수리탐구논술반
미생물학과	영어, 화학, 생물1,2	민주시민교육, 진로와 직업탐색, 창의성교육, 과학탐구실험반, 생명탐구반, 수리탐구논술반
생화학과	수학, 화학, 생물	독서논술교육, 생태체험학습환경교육, 진로와 직업탐색, 과학탐구실험반, 생명탐구반, 컴퓨터반
천문우주학과	수학, 물리, 지구과학, 영어	정보통신윤리교육, 진로와 직업탐색, 창의성교육, 과학탐구실험반, 우주소년단, 컴퓨터반
경영학부	영어, 경제, 사회문화	경제교육, 독서논술교육, 창의성교육, 논술반 시사탐구토론반, 영어회화토론반
국제경영학과	국어, 영어, 세계지리	국제이해교육, 다문화교육, 창의성교육, 논술반, 시사탐구토론반, 영어회화토론반
경영정보학과	국어, 영어, 수학	경제교육, 독서논술교육, 정보통신윤리교육, 논술반, 시사탐구토론반, 영어회화토론반
토목공학부	수학 및 물리관련 과목	산업안전교육, 창의성교육, 협동의식함양교육, 과학탐구실험반, 수리탐구논술반, 컴퓨터반
기계공학부	수학, 물리, 화학	산업안전교육, 진로와 직업탐색, 창의성교육, 과학탐구실험반, 발명반, 수리탐구논술반
화학공학과	수학, 물리, 화학	에너지교육, 진로와직업탐색, 창의성교육, 과학탐구실험반, 생명탐구반, 수리탐구논술반
신소재공학과	수학, 과학(물리, 화학)	과학탐구실험반, 수리탐구논술반, 대학강의 수강, 현장실습, 기진로탐색캠프, 외국어체험활동

건축공학과	문학, 역사, 지리, 예술, 경제, 수학, 물리	건축 관련 체험활동, 건축캠프, 전시회행사
안전공학과	물리, 화학, 수학	리더십을 기를 수 있는 활동
환경공학과	수학, 물리, 화학	독서논술교육, 생태체험학습환경교육, 에너지교육 과학탐구실험반, 생명탐구반
공업화학과	물리, 화학, 수학	전공과 관련된 동아리, 진로활동
도시공학과	수학, 경제지리, 한국근현대사	국제이해교육, 생태체험학습환경교육, 에너지교육 수리탐구논술반, 컴퓨터반, 회화공예반
건축학과	윤리, 사회문화, 미술	독서논술교육, 진로와 직업탐색, 문예창작반, 시사탐구토론반, 회화공예반
전기공학부	영어, 수학, 물리	독서논술교육, 창의성교육, NIE교육, 과학탐구실험반, 수리탐구논술반, 컴퓨터반
전자공학부	수학, 물리, 영어	독서 논술교육, 창의성교육, NIE교육, 과학탐구실험반, 수리탐구논술반, 발명반
정보통신공학부	수학, 물리, 화학	소프트웨어 프로그래밍동아리, 방송반
컴퓨터공학과	국어, 영어, 수학	독서논술교육, 창의성교육, NIE교육, 로봇프로그래밍, 수리탐구논술반, 컴퓨터반
소프트웨어학과	국어, 영어, 수학	독서논술교육, 창의성교육, 컴퓨터반, 수리탐구논술반, 협동의식함양교육, 로봇프로그래밍
식물자원학과	생물, 화학, 외국어	농촌체험 활동, 과학및실험활동
축산학과	영어, 수학, 생물	생태체험학습환경교육, 진로와 직업탐색, 협동의식함양교육, 과학탐구실험반, 수리탐구논술반, 사양기술반
산림학과	국어, 영어, 생물	독서논술교육, 생태체험학습환경교육, 창의성교육 과학탐구실험반, 발명반
지역건설공학과	수학, 물리	독서논술교육, 에너지교육, 창의성교육, 과학탐구실험반, 발명반, 수리탐구논술반
환경생명화학과	영어, 화학, 생물	독서논술교육, 생태체험학습환경교육, 창의성교육 영어회화토론반, 과학탐구실험반, 수리탐구논술반
특용식물학과	영어, 생물, 화학	독서논술교육, 영어회화, 과학탐구실험반, 생명탐구반, 컴퓨터반
원예과학과	영어, 수학, 생물, 화학	과학동아리(생명, 식물, 생태)
바이오시스템공학과	영어, 수학, 물리	산업안전교육, 생태체험학습환경교육, 에너지교육, 과학탐구실험반, 수리탐구논술반, 컴퓨터반
식물의학과	영어, 화학, 생물	독서논술교육, 생태체험학습환경교육, 창의성교육, 과학탐구실험반, 생명탐구반, 컴퓨터반

식품생명공학과	수학, 화학, 생물	경제교육, 보건교육, 생태체험학습환경교육, 발명반, 생명탐구반
목재 종이과학과	화학, 생물, 수학, 영어, 국어, 물리	과학탐구실험반, 생명탐구반, 진로와직업탐색, 생태체험학습, 환경교육, 문화재탐사
농업경제학과	영어, 수학, 경제	경제교육, 국제이해교육, 창의성교육, 논술반, 시사탐구토론반, 영소설독해반
교육학과	국어, 영어, 윤리	국제이해교육, 독서논술교육, 창의성교육, 논술반, 독서반, 영어회화토론반
국어교육과	국어, 국사, 한문	창의성교육, NIE교육, 고전연구반, 논술반, 독서반
영어교육과	국어, 영어	다문화교육, 정서교육, 창의성교육, 논술반, 영소설독해반, 영어회화토론반
역사교육과	한국사, 동아시아사, 세계사	국제이해교육, 다문화교육, 창의성교육, 고전연구반, 시사탐구토론반, 역사문화탐구반, 한국사능력검정시험반
지리교육과	지리, 일반사회, 역사, 영어, 과학, 수학	답사 및 여행, 독서논술교육, 민주시민교육, 창의성교육
사회교육과	법과사회, 정치, 경제, 사회문화	경제교육, 다문화교육, 민주시민교육, 논술반, 시사탐구토론반, 역사문화탐구반
윤리교육과	도덕, 윤리와사상, 생활과윤리, 사회, 법과정치, 사회문화	독서논술교육, 다문화교육, 민주시민교육, 고전연구반, 논술반, 역사문화탐구반
물리교육과	영어, 수학, 물리	독서논술교육, 생태체험학습환경교육, 에너지교육, 과학탐구실험반, 발명반, 수리탐구논술반
화학교육과	수학, 물리, 화학	과학탐구실험활동, 생태체험학습환경교육, 에너지교육, 산업안전교육, 리더십훈련, 녹색운동, 디지털콘텐츠IT체험활동
생물교육과	영어, 화학, 생물	생태체험학습환경교육, 창의성교육, 과학탐구실험반
지구과학교육과	지구과학	지구과학천문반, 지구과학관련대회
수학교육과	영어, 수학, 물리	독서논술교육, 민주시민교육, 창의성교육, 과학탐구실험반, 수리탐구논술반, 컴퓨터반
체육교육과	물리, 지구과학	보건교육, 성교육, 협동의식함양교육, 구기종목반 기초체력반, 레저스포츠체험반
식품영양학과	수학, 화학, 생물	보건교육, 생태체험학습환경교육, 창의성교육, 과학탐구실험반, 발명반, 생명탐구반
아동복지학과	국어, 영어, 사회문화	독서논술교육, 다문화교육, 협동의식함양교육, 논술반, 독서반, 시사탐구토론반
패션디자인정보학과	영어, 생물, 사회문화	생태체험학습환경교육, 창의성교육, NIE교육, 시사탐구토론반, 과학탐구실험반, 회화공예반

주거환경학과	국어, 영어, 국사	독서논술교육, 생태체험학습환경교육, 창의성교육 영어회화토론반, 컴퓨터반, 회화공예반
소비자학과	기술가정, 경제 관련 교과목	금융기관 및 민간단체에서 하는 경제교육캠프
수의예과	영어, 과학(생물)	보건교육, 생태체험학습환경교육, 창의성교육, 과학탐구실험반, 생명탐구반, 수리탐구논술반
의예과	국어, 영어, 수학, 과학	보건교육, 생태체험학습환경교육, 창의성교육, 생명탐구반, 독서반, 과학탐구실험반
간호학과	국어, 영어, 과학(생물, 화학), 보건교과	보건교육, 정서교육, 협동의식함양교육, 생명탐구반, 과학탐구실험반
자율전공학부	국어, 영어, 수학	독서논술교육, 다문화교육, 협동의식함양교육, 시사탐구토론반, 문예창작반, 과학탐구실험반
조형예술학과	영어, 미술, 사회문화	민주시민교육, 창의성교육, 정서교육, 회화공예반
디자인학과	국어, 미술, 사회문화	독서논술교육, 창의성교육, 협동의식함양교육, 회화공예반, 악기연주반

출처 : 충북대 학과별 전공교과목 & 비교과 독서안내

Q&A 81

2015교육과정에서 '진로선택과목'에 대한 대학의 평가방식이 궁금합니다.

올해 2021학년도는 2015개정 교육과정으로 수험생이 대입을 지원하고 대학이 평가하는 첫 해이기 때문에 현재 대학 역시 학생이 이수한 선택과목과 진로선택과목의 결과를 어떻게 얼마나 반영할지 매우 고민 중에 있습니다. 경희대, 건국대, 연세대, 중앙대, 한국외대 5개 대학의 공동연구로 발표된 '진로선택과목, 학생의 선택과 대학의 평가' 자료집에 따르면 학생부종합전형에서 진로선택과목은 정성평가에 초점을 맞추어서 학생이 선택한 과목의 이수 이력을 살피고, 선택하게 된 동기, 지원학과(계열) 관련 과목의 성취도, 수업 내용 및 학습태도, 이에 대한 세부능력 및 특기사항의 기록 등을 종합적으로 판단하는 것이 중요하다고 하였습니다.

한편 수험생이 지원하는 계열별 특성을 반영하는 진로선택과목만을 선택해야 하는 좁은 해석이 아니라 학생이 '자발적 의지' 및 '주도적 선택'에 따라 본인의 계열 관련 진로선택과목 외에 일부과목을 추가적으로 이수하는 것도 적절하다는 의견을 주었습니다. 결국 대학 입장에서 지원자 학생의 흥미와 관심 그리고 진로와 적성에 대해서 예전보다 훨씬 더 다양하게 잠재력을 파악할 기회와 가능성이 많아졌다고 볼 수 있습니다.

TIP

대입에서 진로선택과목을 평가에 활용하기 위해서는
고등학교 선택 과목 운영 실태를 파악하는 것이 무엇보다 중요하다.

Q1. 고등학교에서 학생의 과목 선택권을 확대하고 있는가?
Q2. 실제 학생들도 다양하게 선택하고 있는가?
교육과정 편제표상에 개설된 과목과 실제 개설한 과목이 동일한가?
Q3. 일반선택과목과 진로선택과목의 개설과목 수, 구성 비율, 이수 단위는 어떠한가?
Q4. 소수단위 과목이 많이 개설되고 있는가? 진로선택과목은 주로 몇 학년에 개설되고 있는가?
Q5. 대입에 활용되는 3학년 1학기까지의 진로선택과목은 몇 과목 정도인가?
Q6. 특정 과목을 학년제 또는 학기제 중 어떤 방식으로 개설하는가?
Q7. 국어, 수학, 영어, 탐구(사회·과학), 교양 중 어떤 과목을 주로 진로선택과목으로 편성하는가?
Q8. 진로선택과목을 학생의 흥미, 진로, 심화(전문교과) 중 어디에 초점을 두고 개설하는가?
Q9. 선택 과목 이수는 누가 지도하는가? 등

출처 : 진로선택, 학생의 선택과 대학의 평가_5개 대학 공동연구

학생부종합전형 지원하는 학생들의 경우 학생부교과전형과 함께 지원할 가능성이 매우 높습니다. 그렇다 보니 특히 2022학년도부터 절대평가 성취도(A, B, C)로 평가되는 진로선택과목을 정량평가 성적산출 방식에 대한 논의도 활발히 진행되고 있습니다. 크게 6가지 방식이 논의되고 있는데 그 가운데 진로선택과목에 대한 과도한 부담감을 줄이자는 취지가 반영되었습니다. 모집단위 진로

선택과목의 교과목을 어떻게 지정하는지에 따라 그 학과에 지원할 수 있는지와 가산점을 받을 수 있는지 '방안5'를 통해 확인할 수 있습니다. 나머지 구체적인 방식들은 부록을 참고하기 바랍니다.

진로선택과목 정량화 방안

구 분	반 영 방 법
방안1	성취도(A–B–C)별 단순 차등점수 부여
방안2	성취도와 성취도별 분포비율 반영
방안3	원점수 등급화 반영
방안4	원점수와 과목평균 점수, 성취도를 활용한 점수화 반영
방안5	지원자격 부여 또는 가산점 부여
방안6	진로선택과목 미반영

출처 : 진로선택, 학생의 선택과 대학의 평가_5개 대학 공동연구

진로선택과목의 지원자격화 또는 가산점

구 분	반 영 방 법(예시)
방안5	(예시) 진로선택과목 4과목(12단위) 이상 이수 시 지원 가능(또는 가산점 부여) 모집단위 지정 교과별 진로선택과목 일정 과목 이수 시 지원 가능(또는 가산점 부여) • 인문계열 : 진로선택 사회 2과목 이상 • 자연계열 : 진로선택 수학 1과목, 과학 2과목 이상 등

출처 : 진로선택, 학생의 선택과 대학의 평가_5개 대학 공동연구

Q&A 82

전문과목(심화과목)을 이수하면 긍정적인 평가를 받을 수 있나요?

전문과목을 반드시 이수해야 하는 교육과정을 운영하는 학교의 학생을 제외하면, 모든 학생이 전문과목을 수강해야 하는 것은 아닙니다. 학생 진로 목표와 관련해서 학교가 제공하는 교과목을 충실히 이수하는 것이 바람직합니다. 예를 들어, 자연계를 희망하는 학생이라면 과학Ⅱ에 해당하는 과목을 충실히 이수하

고, 수업내용 중에 궁금한 것을 해결하기 위해 노력한 내용을 보여준다면 좋은 평가를 받을 수 있습니다.

또한 전문교과 대신 고교-대학 연계 심화과정을 이수하여 전공심화능력을 보여주는 경우가 있습니다. 그런데 2016학년도부터 고등학교의 경우 고교-대학 연계 심화과정(UP, University-level Program)을 포함하여 대학학점 선이수제(AP, Advanced Placement) 등과 관련된 내용을 입력할 수 없습니다. 단, 대학과목 선이수제 과목이나 국제적으로 공인된 교육과정이나 과목을 정규교육 과정으로 편성한 경우에만 입력할 수 있습니다.

Q&A 83

R&E 활동을 하고 난 후 제목과 기간, 참여인원 수만을 기록할 수 있다고 합니다. 그러면 활동 내용이나, 그 활동을 통해 변한 모습 등은 어떻게 나타내야 하나요?

교과 세부능력 및 특기사항 중 개인별 세부능력 및 특기사항 기재 예시를 알아보겠습니다. 2020년 고1,2학생의 경우 자율탐구활동은 학교생활기록부 모든 항목에 기재가 금지되며 다만 정규교육과정의 교과 성취기준에 따라 수업 중 연구보고서 작성이 가능한 과목은 특기할 만한 사항이 있는 과목 및 학생에 대하여 소논문 명을 제외하고 '세부능력 및 특기사항'에 기재할 수 있도록 하였습니다.

2015개정 교육과정에서 이러한 과목들은 '수학과제탐구', '사회문제탐구', '융합과학탐구', '과학과제연구', '사회과제연구'과목들에 해당됩니다. 그리고 고3의 경우는 기존과 동일하게 자율탐구활동은 정규교과과정 이수과정에서 사교육 개입 없이 학교 내에서 학생주도로 수행된 연구주제 및 참여인원, 소요시간만을 기재하도록 하였습니다.

연구보고서 또는 R&E 특기사항 기록 예시

예시 1) '교육은 사회의 평등 실현에 기여한다'라는 주제를 놓고 찬성측 입장에서 열띤 토론을 전개함. 청중평가단 및 심사위원의 평가에서 우수한 성적을 받음. 이후 '대형마트의 영업을 규제해야 한다'라는 주제를 놓고, 짧았던 준비 시간에도 불구하고 체계적인 근거와 그에 따른 반대측 주장을 침착하게 펼쳐 토론 참여자로서의 모범을 보임. 토론에 임하면서 대립토론의 절차와 토론 참여자의 기본적인 자세 등에 대한 사전 교육을 통해 토론자로서의 자질을 함양하였고, 토론의 실제를 생생히 경험하면서 훌륭한 화법과 관련된 실질적인 국어능력의 향상을 꾀함.

예시 2) 1학기 동안 학교에서 토요프로그램으로 실시한 '논술 특강 프로그램'에 참여하여 대입 수시 논술전형에 꾸준히 대비함. 원주율의 원리, 기하평균, 피라미드와 황금비, 이차곡선, 소수의 성질, 불가분량의 법칙, 구분구적분의 원리, 쌍곡선의 광학적 원리, 아르키메데스의 포물선의 넓이, 피보나치 수열, 수학적 귀납법, 유클리드 기하학, 적분과 체적, 이중 귀류법, 극한, 삼각비와 삼각함수, 프랙탈 도형과 행렬 등 총 12회에 걸쳐 수리논술에 대한 핵심적 개념을 동영상을 사전에 시청하고 핵심적인 개념을 친구들에게 잘 설명해 주고, 관련된 심화문제를 나와서 설명해주어 친구들을 이해시키는 데 도움을 줌. 특히 친구들이 이해가 되었는지 심화문제를 변형하여 출제해서 확인 점검하면서 프로그램 참여자들의 실력을 향상시키는 데 기여하였으며, 첨삭을 통해 문제해결능력을 길러주는 등 수학적 능력이 탁월함.

예시 3) 과학탐구 실험 경험이 풍부하고 장기 프로젝트에서도 집중력과 근성을 발휘하는 점이 돋보이는 학생임. 2015년 노벨 생리의학상을 받은 여성과학자 투유유 교수는 우리 주변에서 볼 수 있는 개똥쑥에서 말라리아 치료제를 개발했다는 기사를 보고난 후 '제주도 쑥뿌리 추출물의 지혈제에 관한 생리활성 탐구'라는 주제로 6개월간 쑥 항균활성, 혈액응고효능, 항산화활성,

세포독성, 항염증활성에 대한 탐구활동을 실시함. 이후 쑥잎 에센셜오일의 생리활성으로 연구 범위를 넓혀 보자는 아이디어를 토대로 심혈관계의 약품의 기초 소재로써 쑥뿌리의 활용 가능성에 대한 연구 결과를 정리하는 데 집중함. 그리고 이를 동아리 발표활동에서 발표하고 교지에 소개하는 활동을 실시함.

Q&A 84

방과후학교 교육활동은 학생부에 어떻게 입력이 되는지 설명해 주세요.

방과후학교 교육활동은 세부능력 및 특기사항에 입력이 가능하며 교과담당교사가 입력하고 관련 과목이 개설되지 않은 경우 학급담임교사가 입력합니다. 입력 시 강좌명과 이수시간을 입력하되, 강좌의 주요내용을 입력하는 경우 30자 이내로 입력가능합니다. 다만 고1,고2부터는 방과후 학교교육활동은 미기재됩니다.

Q&A 85

학교생활기록부에 영재교육원 또는 발명교실을 이수한 내용들은 어떤 방식으로 입력이 되나요?

영재교육진흥법 시행령 제 36조 제 1항, 제 2항에 의거 영재교육기관(영재학교, 영재학급, 영재 교육원)에서 수료한 영재교육 관련 내용은 관련 교과의 세부능력 및 특기사항란에만 입력할 수 있습니다.

※영재학교 : 영재교육을 위하여 이 법에 따라 지정되거나 설립되는 고등학교과정 이하의 학교 (영재교육 진흥법 제 2조 4호)

※영재학급 : 초·중등교육법에 따라 설립·운영되는 고등학교과정 이하의 각급 학교에 설치·운영하여 영재교육을 실시하는 학급(영재교육 진흥법 제 2조 5호)

※영재교육원 : 영재교육을 실시하기 위하여 고등교육법 제2조에 따른 학교(대학, 산업대학, 교육대학, 전문대학, 통신대학, 방송통신대학, 사이버대학, 기술대학, 각종학교) 및 이에 준하는 학교로서 다른 법률에 따라 설치된 학교 등에 설치 운영되는 부설기관(영재교육 진흥법 제2조6호).

〈예시〉 영재교육원에서 1학년 과정 정보 영역(120시간) 110시간을 이수함.

영재학급에서 1학년 과정 정보 영역(120시간) 120시간을 이수함.

발명교육센터에서 운영하는 교육과정을 수료한 학생의 교육실적은 발명교육의 활성화 및 지원에 관한 법률 시행령 제10조 제2항, 제3항에 의거 관련 교과(기술·가정 또는 과학)의 세부능력 및 특기사항에 입력할 수 있습니다.

※발명교육센터를 설치·운영하는 중앙행정기관 또는 지방자치단체는 해당 발명교육센터에서 운영하는 교육과정을 수료한 학생의 교육실적 자료를 매년 1월 31일을 기준으로 하여 매 학년 말일까지 학생이 소속된 학교의 장에게 송부하여야 함(발명교육의 활성화 및 지원에 관한 법률 시행령 제10조 제2항).

※교육 수료증이 발급되는 초급(기초)·중급·고급(심화) 또는 특별과정 등 발명교실 정규과정 교육실적 자료를 입력함(학교자체 실시 과정 제외).

〈예시〉 발명교육센터에서 실시한 발명·특허 기초(또는 고급)과정(20시간)을 수료함.

Q&A 86

고교대학 연계 심화과정은 학교생활기록부에 기재가 가능한가요?

고등학교의 경우 고교대학 연계 심화과정(UP, University-level Program)은 정규교육과정에 편성된 경우에만 학교생활기록부에 입력가능합니다. (UP는 대학이 개설한 대학 수준 교육과정을 고교생이 대학에서 미리 이수하고, 진학 후 결과를 활용할 수 있도록 하는 프로그램)

출처 : 고교-대학 연계 심화과정(https://up.kcue.or.kr/)

Q&A 87

학교에 전공 관련 교과목이 개설되어 있지 않아서 이수를 하지 못하였습니다. 이런 경우 평가에서 불이익이 있을 수 있나요?

대학에서는 학교 규모 및 환경, 처한 상황에 따라 교과운영 형태가 다르다는 것을 알고 있습니다. 전공 관련 교과목 개설 여부를 먼저 확인하고, 개설되지 않았다면 동일계열의 연관되는 교과목의 수강 여부를 확인하여 유추합니다. 또한 전공 관련 독서와 체험활동을 통해 대학에서 전공을 이수할 수 있는 능력을 가지고 있는지 확인합니다.

최근에 '교실온닷' 사이트를 통해서 소속 고교에서 개설이 안 되는 교과목 및 진로 관련 심화교과를 수강할 수 있는 실시간, 양방향 화상수업 개설로 일반고 학생들의 과목선택권을 확대하는 '온라인 공동교육과정 플랫폼 교실온닷'을 개설하였습니다. 지방 농어촌 및 중소도시에서 참여학생 및 교사 수급으로 인해 개설이 힘든 소인수 혹은 심화과목 수강 기회 확대에 큰 기여를 할 것입니다.

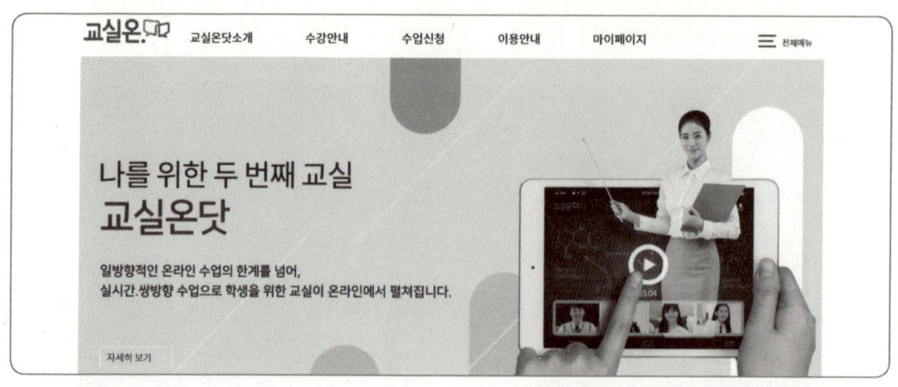

출처 : 교실온닷(https://edu.classon.kr/edu/main/index.do)

온라인수업을 통해 교과를 이수할 때는 다음의 기준을 모두 충족해야 하는데 다만, 시·도교육감이 정한 별도의 기준이 있을 경우는 예외로 합니다.

1. 온라인수업 진도율의 3분의 2 이상(67%)을 충족한다.
2. 과제 2개를 통과한다.
3. 학교의 장이 정한 평가(지필평가, 수행평가 등)에 참여한다.
4. 단위 학교 학업성적관리위원회의 협의를 통해 온라인수업 신청 학생의 교과 이수 여부를 결정할 수 있다.

* 자세한 내용은 지도하는 교사의 지침을 따를 것

Q&A 88

학교 간 협력학교(거점학교)에서 실시한 수업에 참여를 하였습니다. 학교생활기록부에 어떻게 입력이 되는지요?

단위학교에서 개설하기 어려운 교과목을 학교와 학교가 서로 협력하여 교육과정을 공유하는 형태로 소수 학생이 선택한 과목, 전공교사가 없어 개설하지 못하는 과목을 개설하여 학생들의 과목선택권을 확대하고, 개개인의 진로맞춤형 교육과정 설계를 지원하기 위한 목적으로 운영되고 있습니다. 학교 간 협력 교육과정은 거점학교형(협력 교육과정 거점학교)과 연합형(연합형 교육과정 운영학교)으로 운영되고 있습니다.

학생부에는 '학교 간 통합 선택교과(공동교육과정)'로 이수한 과목의 '석차등급'란은 공란으로 두며, '비고'란에는 자동으로 '공동'으로 표시되며, 세부능력 및 특기사항은 500자 기술할 수 있습니다.

출처 : 학교 간 협력 교육과정(http://www.sen.go.kr/collacampus/)

Q&A 89

개인별 세부능력 및 특기사항은 무엇이며 어떤 내용들을 입력할 수 있는지요?

당해 학기에 개설되지 않은 방과후 학교의 활동이나 정규수업 외의 활동 중 교육적으로 의미를 부여할 수 있는 활동들을 500자로 담임교사가 기록해 주는 항목입니다. 2020학교생활기록부 기재요령에서 개인별 세부능력 특기사항에 입력가능한 예시들이 구체적으로 제시되어 있습니다.

항 목	내 용
한국학교	한국학교의 성적 산출 방식이 국내학교와 다른 경우
전입생 미이수 보충학습과정	전·입학, 귀국 등에 따라 중학교의 특정 교과목 또는 고등학교의 공통과목(2015 개정 교육과정에 한함)을 이수하지 못하여 온·오프라인의 방법으로 '보충학습 과정'을 실시했는데 당해 학기에 관련 과목이 개설되지 않은 경우
방과후학교	당해 학기에 관련 과목이 개설되어 있지 않은 경우 (2020학년도의 경우 3학년에 한함)
영재교육	당해 학기에 관련 과목이 개설되어 있지 않은 경우
발명교육	당해 학기에 기술·가정, 과학 교과 모두 개설되지 않은 경우
수업량 유연화에 따른 학교 자율적 교육활동	특정 과목의 세부능력 및 특기사항으로 한정하기 어려운 경우

출처 : 2020학교생활기록부 기재요령_교육부

Q&A 90

개인별 세특에 기록되는 '수업량 유연화에 따른 학교 자율적 교육활동'에 대해서 설명해 주세요.

단위학교의 교육과정 편성 및 운영에 있어 자율성을 확대하고 다양한 맞춤형 교육제공을 통해서 학생이 학습의 주체로서 진로에 따른 성취를 이룰 수 있도록 교육부가 발표한 '일반고 교육역량 강화방안'으로서 교육과정 자율성 관련 주요사항입니다. 그 중 '수업량 유연화' 방안은 1단위 수업량을 현행 대비 탄력적으로 운영할 수 있도록 하는 제도로서 예를 들어 현행 1단위 기준 17회 수업을 16회 수업과 1회 재량운영으로 유연하게 진행가능도록 하는 방식입니다. 자율적 교육과정 운영의 예시는 다음과 같습니다.

〈자율적 교육과정 운영(예시)〉

1) 진로집중형 : 진로설계·체험, 고등학교 1학년 대상 진로집중학기제 운영 보조

2) 학습몰입형 : 교과별 심화 이론, 과제탐구 등 심층적 학습시간 운영

3) 보충수업형 : 학습결손, 학습수준 미흡 학생 대상 보충수업

4) 동아리형 : 토론 및 학습동아리 운영, 교과에 관한 자기주도적 학습시간 운영

5) 프로젝트형 : 교과 융합학습을 위한 PBL수업, 직업체험 프로젝트 등 운영

출처 : 교육부 일반고 교육역량 강화방안(2019.11.7.)

Q&A 91

개인별 세부능력 및 특기사항 예시들이 궁금합니다.

예시 1) 진로탐색활동으로 호텔산업과 국내 관광 트렌드 전망에 대해 관심을 가지고 소비자와 4차 산업혁명을 기반으로 한 스마트 관광에 대해 조사하여 보고서를 제출함. 환경친화적 여행을 추구하는 소비자들에 초점을 맞춰 지속가능한 관광개발 쪽으로 진행되어 베이비부머 세대와 바쁜 직장인들, 밀레니엄 세대들이 어우러질 수 있는 산업의 발전은 관광산업의 새로운 일자리 창출로도 이어지고 있음을 확인함. 또한 관광산업은 지역경제를 활성화시키는 장점이 있다는 것을 알게 됨.
'공장 자동화의 필요성' 주제로 토론활동에 참여하기 위해 '제조업의 미래, 스마트 팩토리'라는 영상을 시청 후 스마트 유통물류 시스템에 대해 조사함. 뉴스 기사를 통해 로봇 창고 시스템을 사용하여 작업 효율을 3.8배 향상시킨 '스마트 항만'을 실현한 독일과 아마존 클라우드 물류 서비스로 운영비용을 절감하여 경쟁력을 높인 사례를 소개하며 공장 자동화의 필요성을 논리적으로 잘 발표함. 또한 IoT기술을 접목하여 대규모 창고가 없어도 더 많은 물량을 빠르게 처리할 수 있는 장점까지 소개하는 모습을 보임.

예시 2) OO대학교 과학탐구 캠프에 참여하여 물의 성질을 주제로 실험을 통해 조원들의 공통된 궁금한 점을 찾고 물의 끓는점과 부피의 관계에 대해 논문과 인터넷 검색을 이용하여 배경지식을 공부하였으며, 평소에 접할 수 없는 실험기구의 사용법을 익혀보면서 실험기구의 작동

원리를 찾아보면서 과학적 소양을 향상시켰음. 과거와 현재의 기술력을 비교하여 기계공학적 관점으로 도구의 발달이 사회에 미치는 영향을 인식하고 더욱 발전된 사회를 만들기 위한 사람이 되기를 희망함.

예시 3) 창의로봇과학반에서 로봇의 효율을 향상시킬 수 있는 방법을 익히고, 자신의 진로인 의생명과학에 접목할 수 있는 의료기기 로봇을 접목하여 진로를 확장시킴. 심박수를 측정하여 환자 혈관의 건강 여부와 안압을 통한 혈당량을 측정하는 간호 로봇의 필요성을 발표함. 로봇의 작동원리를 이해하고자 아두이노 키트를 활용하여 자동 점멸 가로등, 신호등, 장애물 감지하는 스마트폰 제어 자동차 제작 등의 활동에도 적극적으로 참여함.

예시 4) 학급 협동학습으로 수학과 과학영역 멘토를 맡아 급우들이 편하게 질문할 수 있도록 하였음. 특히 수학을 포기하려는 친구에게 진로와 연계하여 필요성을 언급하여 자신의 사례를 이용하여 설득시킨 후, 자신의 공부법을 알려주어 수학에 자신감을 불어넣어 줌. 이러한 결과 급우들에게 가장 도움이 되는 멘토로 칭찬을 받았음.

예시 5) 찾아가는 발명교실(10차시, 20시간)을 수강함. 발명교실에 참여하여 발명과 지적재산권, 창의적 아이디어 창출방법, 선행기술 분석, 아이디어 구체화, 지식재산권 활용 및 나만의 특허 만들기 교육을 이수하고 '머리를 말리는 헬멧' 아이디어를 제안하여 우수한 결과를 얻음.

예시 6) 교내 독서토론 프로그램에 참여하여 '자유지상주의' 주제에서 반대 입장을 맡아 국가는 사회 구성원들의 사회계약에 의해 구성된 집단이고, 국민은 묵시적 동의 아래 국가 체제를 따라야 한다고 주장함. 〈모두를 위한 페미니즘〉 책을 읽고 지적 호기심 해소를 위해 페미니즘 관련 기사를 조사하고 고등학생들의 페미니즘 인식을 알아보기 위해 온라인 설문지를 만들어 SNS를 이용하여 조사함.

교내 3D프린팅 창의교실에 참여함. 〈식물세포 속의 DNA 추출〉 실험에서 세포벽의 물리적 파괴, DNA의 응고 등을 통해 DNA를 추출하면서 불편했던 점을 고민함. 또한 바나나 원액을 거즈를 통해 거르는 과정에서 거즈 고정에 불편함이 있다는 점을 고려해 거즈 고정이 되는 분리식 비커용기를 만들어 실험과정을 개선시킴.

예시 7) 과학창의캠프 1차 '융합형 생명과학프로그램'에 참가하여 유전학의 이해, 투석 원리의 이해, 마우스 미정맥 채혈 및 혈당 비교 관찰, 마우스 간으로부터 글리코젠의 분리와 정제를 수행함. 과학창의캠프 2차 '융합형 의과학프로그램'에 참가하여 혈액과 식물로부터 DNA추출, 플라스미드DNA의 제한효소를 이용한 DNA Map작성, 미토콘드리아의 DNA추출과 PCR기법을 이용한 증폭을 수행하며 높은 수준의 과학교육을 체험함.

예시 8) 생명과학 진로에 관심을 가지고 인간의 노화현상에 흥미를 가지고 '노화는 어떻게 진행될까?'라는 호기심에 그 원인을 조사하여 텔로미어의 단축현상임을 학습함. 그 현상을 조절한다면 노화의 속도도 조금이나마 조절할 수 있지 않을까라는 궁금증에 '텔로미어의 단축 현상을 늦춘다면 노화도 늦출 수 있을까?'를 주제로 텔로미어를 단축현상을 억제 또는 연장방법들을 조사하고 또 연장 시 암이 발생할 수 있다는 위험성까지 고려하여 탐구보고서를 제출함.

예시 9) 통합사고 함양 프로그램으로 '물리로 보는 세상' 강연을 듣고 운동에 대한 의문과 호기심을 뉴턴을 비롯한 근대 물리학자들의 접근 방법을 알아보고, 고전역학이 유럽의 시민혁명과 산업혁명과 산업혁명에 미친 영향을 학습함. 맥스웰이 종합 정리한 전기자기 현상을 해석하는 방법을 이해하고, 양자역학과 시공간에 대한 상대성 이론에 대해 고찰함.

Q&A 92

교과 세부능력 및 특기사항 기재 예시들이 궁금합니다.

국어 I) 국어 어휘의 다양한 체계와 양상을 정확히 이해하여 담화 상황에 적절하게 고유어, 한자어, 외래어의 선택을 달리하면서 어휘 체계의 특성 및 의미 관계와 변이에 따른 양상을 정확하게 활용함. '진로 탐색을 위한 책 읽기' 활동에서는 진로 정보 탐색이라는 독서 목적에 따라 20명의 의사가 쓴 경험담을 읽고, 서로 다른 의학 전공의 세계에 흥미를 느낌. 지적 호기심이 풍부하여 언어 및 독서의 세계에서 새로운 사실을 발견하고 확인하는 것을 좋아함.

국어 II) 한글 홍보 블로그를 만들면서 한글의 제자원리와 가치를 인식하고, 문자를 보낼 때 맞춤법을 신경 쓰지 않았던 점을 반성하여 한글을 정확하게 사용하려는 노력을 보임. 블로그에 자주 틀리는 맞춤법 사례를 제시하여 블로그 방문자가 한글을 바르게 사용할 수 있도록 적극적으로 실천함. '꺼삐딴 리'를 바탕으로 한 모의재판에서 작품의 주요 갈등을 개인과 사회의 갈등으로 정확하게 파악하고, '이인국 박사의 반민족 행위'를 초점화하여 그의 기회주의적 가치관을 정확히 파악함. 재판 실연에서 검사를 맡아 피고인의 잘못을 상세하게 지적하여 청중들에게 검사 측 주장과 근거를 정확하게 전달함. 모둠장으로서 재판에 대해 다양하게 의견을 제시하고 대본을 주도적으로 작성하고, 다른 모둠의 재판을 경청하면서 모둠 활동 평가지를 작성하여 판결 내용의 타당성을 정확하게 평가함.

문학) '뉴욕제과점(김연수)'을 읽고 그 내용을 '공간이 인물의 정체성을 형성하는 일부'라는 자신만의 안목이 드러나는 감상과 함께 시점, 서술방식 등의 형식적 특성을 잘 정리하여 발표함. 이를 반영해 '전학'을 주제로 전지적 작가 시점에서 자신을 제3자로 담담하게 서술한 글을 쓰고 발표해 상호평가에서 가장 좋은 점수를 받음. '작품 속 공동체 문제 파악하기' 활동에서는 비정규직, 여성, 이주노동자의 소외 문제를 종합적으로 다룬 기사를 작성함. 사회현상을 소설과 적극적으로 연계해 이해하고 법률 개선, 인식 전환, 복지 확충이라는 대안을 설득력 있게 제시함. 매 활동마다 다른 학생들의 발표를 성실히 경청하고 적절하게 질문하는 등 협력적 태도가 훌륭하며, 소설 창작, 기사쓰기에 적극적으로 참여해 공감적 소통능력과 창의적 언어 표현 능력을 향상시킴.

독서와 문법) 음운 변동의 4가지 유형에 대해 정확하게 이해하고, 표준 발음법과 한글 맞춤법에 관련된 국어 자료를 다양하게 수집하여 보고서를 작성함. 이를 통해 국어의 음운 변동을 탐구하고 어문 규정에 맞는 국어생활에 대한 이해도를 높임. 또한 '메밀꽃 필 무렵의 경제학-상업시설의 입지(박창선)'를 모의수업 발표 내용으로 구성하면서 '최소 요구치'와 '재화의 도달범위'를 예를 들어 설명하고, 질의응답에서 '최소 요구치'와 '손익 분기점'의 관계를 도표로 답변하였음. 이러한 활동을 수행하면서 자신의 이해력과 응용력, 비판적 분석력을 발휘하였고, 모둠장으로서 모둠 토의와 발표, 보고서 작성에 적극적으로 참여하는 태도를 보여줌.

화법과 작문) '사회적 문제에 대해 주장하는 글쓰기' 활동에서 '난민을 우리나라에 수용해야 한다.'라는 주장의 글을 쓰면서 타당한 논증 구성에 대한 원리를 정확하게 이해하여 '세계 시민으로서의 인도주의적 차원, 인구 증가로 인한 경제 활성화, 국가 이미지 개선'이라는 주장과 연관성이 높고 신뢰성이 있는 근거를 사용함. 사회적 문제를 예리한 시각으로 볼 줄 아는 안목을 가지고 있으며 이와 관련한 중심 쟁점을 추출하는 능력이 돋보임. 내용 생성을 위한 모둠별 토론하기에서 찬성의 입장에서 반대 입장에 대한 반박을 논리적으로 제시하여 내용 생성에 큰 역할을 함. '자신을 성찰하는 글쓰기' 활동에서 등굣길에 보도블록 사이에서 핀 꽃을 보았던 경험을 소재로 삶을 성찰하는 글을 쓰면서 척박한 환경에서도 꿋꿋하게 자라나는 꽃을 보면서 자신도 자신의 주변 환경이 어떠하든지 자신만의 색과 향을 내는 삶을 살아야겠다고 다짐하는 등 창의적인 사고력을 보여주었고, 성찰하는 글쓰기를 습관화하려는 태도를 보임.

영어) 'The dot', 'The paperboy', 'Dog breath', 'Voices in the park', 'Brave Irene', 'The amazing bone', 'Frindle' 등 10권의 영어동화책을 읽고 어려운 단어를 찾아보고, 내용을 요약하여 자신의 표현으로 써보고, 가장 감동적인 장면을 찾아 그 이유를 쓰고 친구들과 나눔. 책을 읽고 미니북을 제작하면서 원서 읽기에 흥미를 갖게 되고 일상에서 어휘의 적절한 쓰임을 파악하고, 전체적으로 문장을 해석하는 데에 자신감을 갖게 되었으며, 친구들과 이야기를 나누면서 사물에 대한 통찰력과 표현력이 향상되고 주변에 대한 따뜻한 시각을 갖게 됨. 모둠별 발표로 'The true story of the 3 little pigs' 책을 선정하여, 주제를 '입장 바꿔 생각하기'로 정하고, 모둠원과 2주간 협의하여 PPT 구성 내용을 정하고, 원서를 함께 자세히 읽으면서 친구들이 모르는 부분을 정확하게 설명해줌. 특히 원작 아기 돼지 삼형제와 비교 분석하면서 즉석에서 반 친구들에게 찬반 토론을 이끌어냄. 원서에서 늑대의 입장에 서서 돼지를 바라보는 시각을 대변하며 자신의 논지를 일관성 있게 유지하였으며, 매사에 다양한 견해를 들어보고 판단해야 한다고 깨닫고 자신을 돌아봄. 원서에서 나오는 다양한 이어 동사 구문을 공부하면서 모둠원 각자 50개의 구문을 찾도록 제안하고 함께 모아 목록으로 정리함.

실용 영어) 지문독해 능력 및 발표에서 꾸준한 향상을 보임. 수업 후 예리한 질문을 하며 복습을 열심히 하는 모습이 인상적임. 인터넷 댓글 문화를 주제로 한 토론활동에서 자신의 의견을 논리적으로 구성해 제한된 시간 내에 자신감 있게 영어 토론을 주도함. 영어 발표 시 내용의 흐름이 자연스럽고 어휘와 어법 사용에 오류가 거의 없이 완전한 문장을 사용하는 등 의사전달 능력이 우수함. 영어로 자신의 의견을 표현할 때 청중이 알아듣기 쉽도록 제스처와 적절한 목소리톤을 사용해 효과적으로 발표함. '영어 만화책 만들기'에서 익살스럽고 교훈이 담긴 'Angry Glue'라는 만화를 만듦. 물감으로 직접 그림을 그리고 소품을 활용하여 완성도 높은 만화책을 완성했으며, 이야기를 파일에 녹음해 첨부하는 정성을 보임. 자신이 알고 있는 내용을 급우에게 쉽게 설명하려 노력하는 등 예비 초등교사로서의 잠재력을 보여줌.

영어 I) 평소 영어 과목에 대한 흥미가 높으며 영어교사가 되길 희망하는 학생으로 꾸준한 영어읽기 활동으로 학기말에 눈에 띄게 영어 실력이 향상됨. 말하기 활동에서는 발표의 흐름이 자연스럽고 영어 사용에 막힘이 없으며 상대에 따라 표현을 쉽게 고쳐 말해 주는 등 의사소통 능력이 뛰어남. 'The help'를 책으로 읽은 후 영화로 보고나서 미국 내 존재하는 인종차별을 다양한 색채를 사용하여 비유적으로 설명하는 등 문학적 창의성을 발휘함. 또한 쉬운 영어표현을 사용해 '북 리뷰'를 작성하여 발표 시 줄거리, 책과 영화의 차이점, 감명 깊은 부분과 그 이유를 논리에 맞게 구성해 발표함. 모든 수업활동에 적극적으로 참여하고 영어 학습 활동에 어려움을 보이는 급우들을 기꺼이 도와주려 노력하면서 영어교사로서의 자질을 두루 보여줌. 지적 호기심이 왕성해 이해되지 않는 부분은 수업 후에도 질문을 하는 등 적극적인 태도를 지니고 있어 앞으로의 발전이 상당히 기대됨.

영어 II) 뇌 과학에 관심이 많고 관련 분야 독서를 많이 해온 학생으로, '스트레스와 뇌의 작용'에 관한 자료를 읽은 후 세부 내용 파악을 통해 핵심 내용을 정확하게 짚어 주제문을 훌륭히 작성함. 이 과정에서 적절한 접속사를 사용하고 내용 간의 연결을 유기적으로 잘 표현했으며 주제를 압축적으로 보여주는 단어 선택이 탁월함. 또한 '영화 소개하기' 활동에서 영화의 줄거리와 가장 감명 깊었던 장면, 영화 추천 이유 등을 수업시간에 배운 적절한 어휘와 정확한 어법을 사용해 발표함. 주인공의 변호 내용을 영어로 번역해 영화를 보지 않은 학생들도 그 장면을 이해할 수 있도록 도움. '쓰레기를 줄이기 위해 우리가 교내에서 할 수 있는 것은 무엇인가?'라는 주제로 주장하는 글을 쓸 때, 쓰레기통이 교실에 없다는 가정하에 얻을 수 있는 결과를 가정법 문장을 사용해 효과적으로 표현했으며 적절한 연결어 사용으로 문장의 인과관계를 효율적으로 보여줌.

수학 I) 직선의 방정식, 원의 방정식의 수학적 개념을 완벽하게 이해하고 있으며, 이를 바탕으로 문제 상황에 대해 수학적이고 창의적인 해결 전략을 제시하는 능력이 우수함. 모둠수업으로 진행되는 수업시간에 여러 가지 크기 및 위치를 지닌 원과 접선을 활용한 기하학적 도안을 만들어 발표하여 수학이 지닌 미적 가치를 다른 학생들이 체험할 수 있도록 기여함. 또한 '경복궁에서 찾을 수 있는 대칭성'을 주제로 모둠 보고서를 작성하면서 모둠원들에게 도형의 대칭성을 설명하고 다양한 관점에서 많은 아이디어를 제시하는 등 배움 나누기를 실천함.

수학 II) 한결같은 태도로 수업에 몰입하는 모습이 인상적인 학생으로 함수의 개념을 두 집합 사이의 대응관계를 통해 잘 이해하고 함수의 그래프 성질을 이용하여 함수와 함수가 아닌 것을 잘 구분함. 모바일 어플리케이션을 사용하여 어려움 없이 이차함수, 유리함수의 그래프를 그리는 등 공학적 도구 활용 능력이 우수하고, '경제 신문에서 나타난 환율 그래프'의 특징을 함수의 개념을 바탕으로 수학적인 용어와 일상적인 용어로 정확하게 표현하는 등 수학 외적 연결 및 융합능력 또한 우수함.

미적분) 수업시간에 활용하는 학습 자료와 과제들을 성실한 자세로 해결하는 등 학습 열의가 높으며 이해하지 못한 수학개념은 지속적인 질문과 연습을 통해 완전히 이해하고자 노력함. 자신의 학습 노하우와 학습방법을 다른 친구들과 함께 공유하는 등 나눔의 정신을 보임. 계산기 프로그램을 이용하여 주어진 극한의 계산값을 정해진 시간 안에 모두 정확히 구하였고, 수학 관련 동영상 '문명과 수학'을 보고 건축, 미술, 얼굴, 자연, 주식, 디자인 속의 수학적 개념을 탐색하고 재조명하는 계기로 삼음. 연속함수에 대한 수학적 지식을 이해하고 '열기구의 부피는 온도가 변함에 따라 연속적으로 변하는 함수로 나타낼 수 있다'의 주제를 모둠원들과 협동적으로 탐구하며, 적극적인 의사소통과정을 통해 부피와 온도 함수를 정확히 추론하고 정교하게 수행함.

기하와 벡터) 공간좌표와 공간벡터 단원의 개념인 정사영, 이면각, 평면의 방정식, 직선의 방정식을 이해하고 있으나 각 개념들을 유기적으로 연결하여 문제해결에 활용하는 것에는 어려움을 느끼는 반면 기하 소프트웨어를 활용하는 능력은 탁월함. 예를 들어 모둠 친구들이 정사면체에서 '수직이면서 꼬인 위치에 놓인 두 직선과 평행한 면으로 자르면 나오는 직사각형은 길이가 항상 정사면체 한 변의 길이의 두 배'임을 찾아내면 이를 기하 소프트웨어를 활용하여 구현하는 역할을 수행하고 친구들의 도움을 받아 이해하고 문제를 해결함. 기하와 벡터의 내용이 어려워 쉽게 이해되지 않음에도 불구하고 기하와 벡터에 대한 관심이 많고 수업참여도가 높음.

세계지리) 세계의 지역 특성에 대해 정리한 내용들을 바탕으로 유럽, 아시아, 아메리카 대륙에 위치한 국가에 대해 자세히 기술함. 또한 이를 바탕으로 한 세계 분쟁지역의 비교 분석 평가에서 건조기후 지역인 시리아와 수단을 선택하여 민족 및 사막화와 관련된 분쟁의 비교 분석을 진행함. 특히 시리아와 관련하여 터키 해안가로 떠내려 온 난민 아이를 사례로 제시하고, 수단과 관련해서는 다르푸르의 기후상황에 대한 통계자료를 제시하여 설득력과 호소력을 높여 친구들의 큰 호응을 얻어냄.
세계의 위치, 문화, 이슈를 종합하여 발표하는 과제에서는 인터넷 스트리트 뷰를 실시간으로 활용하여 주요 이슈의 발생지역들에 대한 위치, 사진 등을 찾아 친구들과 공유하는 형식의 발표를 진행함. 이로 미루어 볼 때 탄탄한 세계지리 기초지식을 바탕으로 세계의 최신 이슈들을 접목시키는 능력이 탁월한 학생이라고 판단됨.

한국지리) 인간과 자연의 관계를 보는 관점들 중 '생태론'의 명확한 이해를 바탕으로 지역의 변화 양상을 조사 및 분석함. '생태론'의 사례로 하천 직강화에 의한 하천의 급격한 수위 변동을 제시함. 인근지역을 직접 답사하면서 상인들과의 인터뷰를 통해 경관 변화의 양상을 파악하여 지역의 변화 특성을 조사함. 자신의 직·간접 경험들을 토대로 인포그래픽 활용, 동영상 제작 등의 창의적 발표 자료를 만들어 낼 수 있는 우수한 자료 표현 역량도 지니고 있음. 또한 모둠장으로서 내용 조직, 발표 리허설 실시, 명확한 발표 등을 통해 활동을 주도하는 모습을 보임. 수업의 전 과정에서 자신의 글과 생각을 보완해 나가는 성실한 자세를 견지함.

동아시아사) 17세기 전후의 동아시아 3국의 정치·사회적 변화를 체계적으로 정리하고, 임진·정유 전쟁을 한·중·일 3국의 정치적 상황을 고려하여 다각도에서 파악하려는 노력이 돋보임. '1592'라는 제목으로 제작된 역사신문에서도 '임진 작명소 -임진왜란 vs 위안차오센 vs 분로쿠 노에키'라는 특집 기사를 실어 임진·정유 전쟁에 대한 3국의 역사적 견해의 차이를 잘 보여줌. 또한 '사람을 찾습니다.'라는 광고 형태로 임진·정유 전쟁 중 일본으로 끌려간 도공 이삼평과 성리학자 강항에 대해 소개하는 등 독창성이 돋보이는 역사 신문을 제작함. 역사 신문을 만드는 과정에서 모둠원들이 어려워하는 기사 작성 역할을 스스로 맡아 기사 작성법을 찾아보는 등 글쓰기 능력을 함양하기 위해 노력하는 모습이 돋보였으며, 작성된 기사에 대한 모둠원들의 지적을 긍정적으로 수용하고 지속적으로 기사를 수정하여 근거가 명확하면서도 역사적 상상력이 돋보이는 신문기사를 작성해 냄.

경제) '합리적 선택'을 주제로 한 브레인스토밍 글쓰기 활동을 할 때, 가족의 자가용 구매 관련 경험을 분석하여 카센터 운영이라는 희망 진로와 연계하였고, '시장 실패'를 주제로 한 탐구 보고서 작성 시 우리나라 제과업계 담합 사례를 제시하는 등 실생활에서 적용되는 경제적 개념을 찾아내는 능력을 보임. 특히 '마을기업 창업 프로젝트' 활동에서 블러드 다이아몬드 대신 헤나를 활용한 '웨딩 타투 기업' 아이디어를 제시하고 기업의 조직 구성, 마케팅 방안을 마련하는 등 창업 설계 능력을 보여줌. 모둠 활동 시 친구들 간의 의견 조율, 적절한 분량의 발언권 부여 등 모둠장 역할을 충실히 행함.

생활과 윤리) 정보 사회의 윤리적 문제를 해결하기 위해 유교덕목과 네티켓을 연결 짓는 UCC 만들기에서 '저작권과 프라이버시 침해'의 윤리적 문제들을 구체적 사례를 들어 밝히고 전달력 있게 대표로 발표하여 큰 호응을 얻음. 진로 포트폴리오 발표하기에서 직업 체험 수기를 진솔하게 작성하고 자신이 선택한 '유치원 교사'라는 직업의 윤리적 책무에 대해 깊이 있게 이해하는 발표를 하여 감동을 줌.

한국사회에서 다문화 가정의 아이들이 차별받은 사례를 조사하고 문제점과 해결방안을 논리적으로 제시하여 학우들에게 긍정적 평가를 받음. 모둠활동에서 역할 배분과 모둠원들의 의견 정리에서 주도적으로 참여하고, 윤리적 문제에 대하여 적극적으로 대처하려는 실천의지를 보임.

물리) 국토순례 중 마지막 일정인 경복궁 답사에서 궁 안에 있는 앙부일구를 찾아 수업시간에 배웠던 해시계를 직접 읽고 시간을 맞춰보는 모습을 목격함. 광전효과와 광합성의 관계에 대하여 각 용어에 대한 정의부터 에너지 관련 기작까지 내용을 이해하고 교사에게 설명할 수 있을 정도로 열심히 조사하여 보고서로 제출함. PMI기법을 활용한 필기 정리뿐만 아니라 내용정리까지 하였으며 특히 광전효과 단원에서 아인슈타인의 노벨상 논문임을 알고 신기하게 생각함. 1학기 창의적 교과활동 인포그래픽 그리기 활동에서 역학적 에너지 보존을 단순히 그림으로 표현하지 않고 미니 롤러코스터를 직접 만들어 두꺼운 도화지를 이용하여 오르막과 내리막을 만들어 위치에너지와 운동에너지가 전환되는 과정을 표현함.

물리) 전자공학자가 되기를 희망하여 물리에 흥미를 갖고 수업에 적극 참여하였으며, 특히 전자기학 단원에 대한 관심이 매우 높음. 전자기 유도 원리 이해라는 과학 글쓰기 활동에서 자전거바퀴에 붙어있는 소형 발전기의 원리와 자전거 속도에 따른 전구의 밝기 관계를 자기력선속의 시간적 변화율을 이용하여 논리적으로 설명함. 전자기 유도를 적용할 수 있는 일상의 사례로 교통 카드, 도서관의 도난 방지 시스템, 블루투스 스피커를 들고, 작동원리를 자기력선속, 시간적 변화율, 유도전류 등의 용어를 정확히 사용하여 표현함.
LED의 정류 작용을 확인하는 탐구활동에서 다리 길이를 이용해 LED의 극을 잘 구별하여 회로를 구성하고, 광섬유와 부직포를 이용해 독창적인 형태의 꽃을 제작함. 자신의 활동을 마친 뒤에도 다른 모둠의 탐구를 도와주는 모습에서 타인에 대한 배려심이 느껴짐.

화학) 산-염기 평형에서의 중화 적정 실험에서 0.10M 수산화나트륨 수용액으로 미지 농도 약산 수용액을 적정 시 페놀프탈레인 지시약의 색변화 현상을 통해 중화점을 정확히 찾아냄. 또한 적정에 사용한 수산화나트륨의 양을 이용해 약산 수용액의 초기 농도 및 중화점에서 용액의 pH를 명확히 찾아내는 등 뛰어난 분석 능력을 보임. 개별로 작성한 실험 보고서에서 수업 시간에 다룬 산-염기 평형과 핸더슨-하셀 바흐식을 이용해 실험 시에 가해준 0.10M 수산화나트륨 수용액의 부피에 따른 pH변화를 중화적정 그래프로 명확히 그려 높은 평가를 받음.
'환경과 화학'을 주제로 진행한 모둠별 발표에서 발표자를 맡아 '엔트로피와 환경 파괴'라는 주제로 열역학 제2법칙 관점에서 환경 파괴 현상을 분석함. 엔트로피 증가 속도를 줄이기 위한 방안으로 화석연료의 소비를 줄이고 신재생에너지 사용이 시급함을 제안하는 등 열역학 관점에서 환경문제를 정확하게 이해하고 있음.

생명과학) 건강한 생활을 위해 적절한 방식으로 약물을 사용해야 하며, 청결한 생활로 병원체의 감염을 막는 것이 중요함을 말할 수 있음. 평소 자신이 자주 마시던 에너지 음료에 들어 있는 카페인에 대해 조사하여 청소년들의 카페인 남용을 경고하는 자료를 제작하고 발표함으로써, 일상생활에서 접하는 약물이 신경계와 내분비계에 미치는 영향을 알게 됨. 세균을 제거하는 효과적인 방법을 확인하기 위해 세균 배양 실험을 설계함. 설계과정에서 실험군과 대조군을 체계적으로 설정하였으며, 실험도구를 올바르게 사용하여 비누보다 손 세정액이 세균 제거에 효과적임을 검증함. 병원체의 감염을 막는 방법으로 손 씻기의 중요성에 대해 재인식함.

생명과학) 생명공학연구원이 되기를 희망하는 학생으로, 생명과학에 흥미가 높고 수업에 적극적으로 참여하며 자기주도 학습능력이 뛰어남. 수업에서 학습한 내용을 바탕으로 생물정보학 데이터베이스에서 효소의 단백질 성분, 효소의 활성 부위, 효소의 전구체와의 관계 등에 관한 자료를 찾아 마인드맵으로 정리하여 과학실에 게시함. 이론으로 학습한 에이버리의 유전물질 확인 실험 과정을 활용하여, 구강 조직에서 추출한 미지의 추출물을 확인하기 위한 젤 전기영동 실험을 수행한 후 실험 결과 나타난 밴드를 해석하는 능력이 우수함. 생명공학기술에 대한 토의에서 미래 질병 치료에 활용될 DNA 재조합 기술에 대해 조사하여 토의에 활용함. 이를 통해 미래 생명공학연구원이 되기를 희망하는 진로 의지가 강화됨.

지구과학) UN기후변화협약 모의 당사국 총회 활동에서 개발도상국의 기업가 역할을 맡아 토론에 참여함. 이 과정에서 선진국과 후진국의 기업가와 따로 만나 회의를 하는 참신한 발상으로 기업가들의 다양한 의견을 수렴하고, 전체 토론에서는 환경운동가의 의견을 경청하면서도 국가의 경제성장이라는 반론을 기업가 입장에서 논리적으로 전개함으로써 과학과 사회의 유기적 관계에 대해 생각해보게 됨. 위성이 관측한 태양 흑점 자료를 수집해 태양 자전의 특징을 탐구하는 활동에서 개념을 어려워하는 친구의 몸에 직접 흑점 스티커를 붙여주고 움직이게 하면서 설명하는 등 창의적인 설명 방식이 인상적임.

지구과학) 단열선도의 원리를 정확하게 이해하고 대기 안정도를 판단하여 미세먼지 농도 변화를 설명할 수 있을 뿐 아니라, 대도시의 고층 건물이 대기 운동에 영향을 줄 가능성까지 제기하는 등 문제를 다각적이고 창의적으로 사고하는 능력이 돋보임. 거대한 우주의 규모를 실감하기 어려워하며 처음에는 소극적인 태도를 보였으나 H-R도를 이용해 천체까지의 거리를 구하고 나이를 추정하는 탐구 과정에서 흥미를 갖게 됨. 이후 많은 질문을 하며 천체의 거리 측정 방법을 완전히 이해한 후 자발적으로 다른 성단의 데이터를 찾아 성단의 거리에 대한 추가적인 활동 결과물을 제출하여 긍정적인 피드백을 받고 성취감에 기뻐하는 모습을 보임.

<독서활동상황>

Q&A 93

'독서활동상황'은 학생부에 어떻게 기재가 되는지 설명해 주세요.

독서활동상황은 읽은 책의 제목과 저자만 기재가능하며 학년별로 공통독서

(500자)는 담임교사가, 과목도서(250자)는 과목별교사가 기록하며 ISBN에 등재된 도서에 한해서 가능하며 정기간행물과 같은 ISSN에 등재된 도서는 기재할 수 없습니다. 또한 전체 학년 동안 동일한 책을 '독서활동상황'란에 중복하여 입력하지 않도록 해야 합니다. 한편 올해부터는 단순 독후활동(감상문 작성 등) 외 교육활동을 전개하였다면, 도서명을 포함하여 그 내용을 다른 영역(교과 세특, 창의적 체험활동 등)에 입력할 수 있습니다.

Q&A 94

독서활동을 위한 책 선택은 주로 어떤 기준으로 하면 좋을까요?

학생부종합전형에서 교과 수업시간에 경험하는 다양한 학습경험을 통해서 나누는 지식의 양적, 질적 수준을 한 단계 높은 차원으로 성장시키는 가장 좋은 수단이 바로 독서입니다. 특히 교과수업시간 교과서 및 학습자료만으로 지적 호기심을 충족시키지 못하는 경우와 소속고교에서 이수하기 힘든 심화전문교과 및 교육환경에서 토론과 실험의 한계를 극복하는 길잡이가 독서활동이기 때문입니다. 우선 교과수업시간의 끊임없는 학문적인 호기심을 충족시킬 수 있는 도서를 선정하거나 해당 교과담임과의 상담을 통해서 도서를 추천받은 경우가 가장 좋습니다. 또는 학기별 혹은 학년별 진로특강 및 진로체험활동을 통해서 현장 강의 및 강의를 진행하는 강사의 추천도서 및 학술적 차원의 도서에 도전해 보는 방법도 있습니다.

한편 대학에서는 학업역량을 단순한 내신수치 외에 독서활용역량을 통한 지식확장력을 함께 평가한다는 사실을 반드시 기억하길 바랍니다. 결국 특정 대학의 추천도서가 중요한 게 아니라 본인의 지적성숙도에 맞는 도서를 선정 후 도서가 본인의 삶이나 진로에 유의미한 영향을 준 근거를 학교생활기록부 항목별로 기록을 남겨주어야 합니다.

Q&A 95

'독서활동상황'란에 책제목과 저자만 기록하도록 되어있습니다. 책을 읽고 느낀 점과 변한 모습 등 독서성향을 기록할 수 없나요? 기록이 가능하다면, 어떤 방법이 있나요?

독서활동상황에 책을 읽고 느낀 점과 변화된 모습을 기록할 수는 없지만, 독서는 자율활동으로 체험한 활동 중 궁금한 점을 해결하기 위해 책을 읽고 이해한 경우 "ㅇㅇ내용을 이해하기 위해 △△책을 읽고 ㅇㅇ내용을 이해할 수 있었으며, 추가적으로 ㅇㅇ에 대해 조사해 봄."이라고 기록할 수 있습니다. 이는 자율활동뿐만 아니라 동아리활동, 진로활동, 교과 세부능력 및 특기사항 등 다양한 영역에서 지적 호기심을 해결하기 위해 노력한 내용을 기재할 수 있습니다.

대학마다 독서활동의 중요성을 강조하고 있는데 2020 중앙대학교 학종 가이드북에는 독서활동은 학생부의 교과세부능력 및 특기사항, 동아리, 행동특성 및 종합의견 등 학생부의 전반과 연계되어 있으며 특히 본인의 관심사와 진로와 연계한 자율적이고 깊이있는 독서를 강조하고 있습니다.

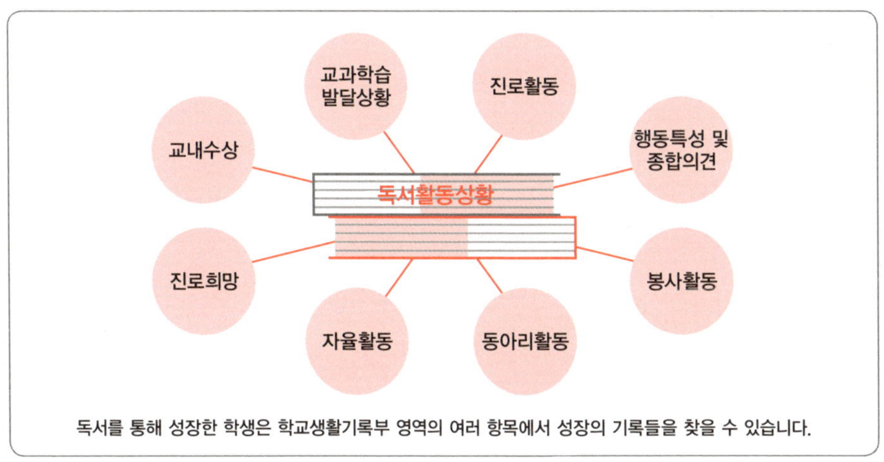

독서를 통해 성장한 학생은 학교생활기록부 영역의 여러 항목에서 성장의 기록들을 찾을 수 있습니다.

출처 : 2020학년도 중앙대학교 학생부전형 가이드북

Q&A 96

독서량이 많을수록 중요한가요? 대학에서는 주로 독서활동을 어떻게 평가하나요?

독서활동은 학생들의 자율적인 활동으로 채워나가는 공간으로 전공적합성, 자기주도성이 드러나는 영역입니다. 단순하게 양이 많다고 긍정적인 평가를 받는 것은 아닙니다. 또한 반드시 전공과 직접적으로 관련된 것만을 요구하는 것도 아닙니다. 독서활동은 자아를 발전시키고 지식의 세계를 확장시켜 가는 경험입니다. 이러한 탐색의 과정이 나타나는 것이 중요합니다. 교육과정상 독서활동을 학교에서 권장하고 있는데 이러한 책만 기록되었다면 학교생활의 성실성, 충실성에서 좋은 평가를 받기 어렵습니다.

또한 독서활동을 양적으로만 접근하여 완독하지 않은 도서의 제목을 나열한다거나, 난이도가 매우 높은 도서 위주로만 기재하는 것도 바람직하지 않습니다. 이런 사례는 오히려 면접을 통해 확인하여 답변을 못한 경우 부정적인 평가를 받을 수도 있습니다.

1 다양한 방면의 관심이 드러나는 사례 : 정치외교학전공 지원

학년	편제명	독서활동상황
1	공통	로봇시대, 인간의 일(구본권), 마음을 실험하다(강사월), 유엔미래보고서 2050(제롬글렌)
	국어	눈길(이청준), 새의 선물(은희경), 태평천하(채만식)
	수학	구글은 빅데이터를 어떻게 활용했는가(벤 웨이버)
	영어	오만과 편견(제인 오스틴), 앵무새 죽이기(하퍼 리)
	사회	왜 세계가 문제일까?(게르트슈나이더), 개인주의자 선언(문유석), 이회영과 젊은 그들(이덕일), 한국의 리더십 선비를 말하다(정옥자)
	과학	GMO 사피엔스 시대(폴 뇌플러), 뇌 1.4킬로그램의 사용번(존 레이티)

② 전공과 관련되어 학년이 올라갈수록 깊이 있는 독서활동을 한 사례 : 역사교육과 지원

학년	편제명	독서활동상황
1	사회	살아있는 역사 문화재1(이광표), 설민석의 무도 한국사 특상(설민석), 설민석의 조선왕조실록(설민석), 노비에서 양반으로, 그 머나먼 여정(권내현), 한 폭의 한국사(손영옥), 박열: 극일에서 분담을 넘은 박애주의자(김인덕), 한 권으로 만나는 고구려 답사 길잡이(윤명철), 김홍도의 풍속화로 배우는 옛 사람들의 삶(최석조)
	…	…
2	사회	내 곁에 세계사(조한욱), 여왕의 시대(바이하이진), 역사란 무엇인가(E. H. Carr), 사피엔스(유발하라리), 게르마니아(타키투스), 한눈에 꿰뚫은 세계사 명장면(안혜은), 거꾸로 읽는 세계사(유시민)
	…	…
3	사회	역사교육의 이론(양호환), 역사교육과 역사인식(김한종), 역사교육의 내용과 방법(최상훈), 동아시아, 해양과 대륙이 맞서다(김시덕), 돈의 흐름으로 보는 세계사(미야자키 마사카쓰), 함께 보는 한국 근현대사(역사학 연구소)
	…	…

출처 : 2021동국대학교 학종가이드북

<행동특성 및 종합의견>

Q&A 97

'행동특성 및 종합의견'은 학교생활기록부 다른 항목에 비해서 어떠한 특징들이 있을까요?

우선 행동특성 및 종합의견의 입력주체는 담임선생님입니다. 특히 2019년부터 모든 학년에 동일하게 기존 글자수 1,000자에서 500자로 축소 적용되었습니다. 주로 학생의 인성적인 측면 외에도 학습, 자기주도적 학습태도, 진로를 위한 탐색활동 등 학교생활에 대한 다양한 활동상황에 대해서 평소 관찰 및 누가기록한 자료들을 바탕으로 해당 학생의 변화와 성장 등을 종합적으로 기재해 주는 항목입니다. 학생의 장점만을 기록하지는 않으며 단점의 경우에도 변화가능성 및 발전가능성을 함께 입력해 주는 항목이기도 합니다.

한편 행동특성과 관련된 내용은 시도교육감이 정한 방법에 따라 누가 기록하여 관리하기 때문에 해당 소속고교에 따라 내용의 범위의 차이가 있을 수 있습니다. 특히 현재 고2학생이 치르는 2022학년도 대입 개편에 따라 학생부종합전형에서 교사추천서가 폐지되기 때문에 행동특성 및 종합의견은 더욱 중요한 항목이라고 할 수 있습니다.

Q&A 98

'행동특성 및 종합의견' 은 추천서 대신 활용한다고 들었는데, 이 말이 사실인가요? 사실이라면, 어떤 내용들이 기록되어 있을 때 좋은 평가를 받을 수 있나요?

일부 대학에서는 추천서로 활용하기도 합니다. 행동특성 및 종합의견이 추천서로 활용되지 않더라도 학생부종합전형에서 행동특성 및 종합의견은 지원자의 학업역량, 학업태도, 개인적인 소양(인성, 동기 등)을 확인하는 평가항목으로 활용되고 있습니다. 2016학년도부터 인성요소(나눔, 배려 등)와 예체능을 별도 구분하여 입력하지 않고 행동특성 및 종합의견에 포함해서 기록하고 있습니다.

Q&A 99

대학별로 '행동특성 및 종합의견'은 어떻게 평가되며 학년별 기재요령 변경사항이 있으면 소개해 주세요.

학생의 학습, 행동 및 인성 등 학교생활에 대한 상시 관찰·평가한 누가기록을 바탕으로 다양한 분야에서의 구체적인 변화와 성장 등을 종합적으로 기재합니다. 행동특성 및 종합의견에서는 창의적 체험활동, 교과별 세부능력 및 특기사항 등에서 드러나기 어려운 학생의 개별적 특성에 주목하여 평가합니다. 특별한 활동보다는 그 학생의 학업태도와 인성 등 고교생활 전반을 가늠할 수 있는 내용을 평가 시 반영하고 있습니다.

1 학급구성원을 위한 구체적인 역할을 확인할 수 있는 사례

주변에 대한 나눔, 배려, 조율능력 등을 확인할 수 있습니다.

학년	행동특성 및 종합의견
1	…학교생활에 어려움이 있는 급우에게 관심을 갖고 다가가서 도움을 주고자 노력하고, 학급의 면학 분위기 조성을 위해 수업시간에 솔선하여 참여하는 자세로 타의 모범이 됨. 아침 자습시간을 활용하여 영어 단어를 쓰고 외우게 하는 등 바람직한 학습 분위기 조성과 모두의 실력 향상을 위해 애씀.…

2 자기주도적 학습태도를 확인할 수 있는 사례

학업성취를 위한 다양한 노력이 잘 드러나는 사례입니다.

학년	행동특성 및 종합의견
1	…학급과 전체 학교 활동에서 자기주도적인 학습태도로 실력 향상을 위한 과정에 적극적으로 참여함. 학습 플래너를 활용하여 하루하루 학습한 내용과 시간을 기록하고 계획의 실천은 점검하면서 학업 성취 향상에 열의를 보임. 매일 아침 일찍 등교하여 수업 전 자습 시간을 갖고 교과서 수학 문제를 풀고, 영어 단어를 외움. 특히 국어문제집을 정해 꾸준히 풀면서 실력 향상에 힘씀. 자신이 부족한 부분은 학교활동을 통해 보충하고, 모르는 문제는 서로 물어보고 알려주면서 교우들과 소통하며 자신의 실력을 다져나감.…

3 전공 관련 수학역량을 확인할 수 있는 사례 : 경영학과 지원

전공과 관련된 관심을 확인할 수 있는 사례입니다.

학년	행동특성 및 종합의견
2	…경영 경제 관련 도서들을 많이 읽음으로써 투자, 거래 등에 대한 다양한 지식을 얻음. 동아리 활동에 적극적으로 참여하여 관련 사회 문제를 탐색해 보고, 모의 기업 설계에서 재무 역할을 맡아 경영 활동에 참여하는 등 금융 전문가의 꿈을 이루기 위해 성실히 준비해 나가는 학생임. 잠재력을 가지고 있어 미래가 기대됨.

4 전공 관련 수학역량을 확인할 수 있는 사례 : 컴퓨터공학전공 지원

전공과 관련된 관심을 확인할 수 있는 사례입니다.

학년	행동특성 및 종합의견
2	…컴퓨터 관련 지식이 풍부하여 친구들과 인터넷 속도를 높이는 지향성 야기 안테나를 제작하며 안테나의 모양을 조작하는 독창적인 주제로 주목받음. 또한 과제연구 프로젝트 활동에서 전문 지식이 부족한 친구들에게 실험과정을 설명하며 각각의 역할을 배분하는 리더십을 발휘하고 이공계 진출을 위한 과학반 활동에서 드론조종을 어려워하는 친구에게 기본적인 조작부터 작동법을 설명해줌. 이러한 재능을 발휘해 컴퓨터 부장 역할을 맡아 학급 전자 기기를 안전하게 관리하고 수업준비를 도와주어 선생님께 칭찬받음. 학교에서 활동뿐 아니라 틈틈이 집에서도 3D프린터를 이용하여 작품을 만들고 프로그래밍을 하는 등 컴퓨터를 활용한 작업에 매우 능숙하고 전문적인 지식을 가지고 있음. 민주적인 의사소통을 통해 팀원을 격려하고 프로젝트를 이끌어가는 능력이 뛰어난 지덕을 겸비한 인재로서 컴퓨터 공학자로의 미래가 기대됨.

출처 : 2021동국대학교 학생부종합전형 가이드북

Q&A 100

행동특성 및 종합의견 특기사항의 예시를 소개해 주세요.

예시 1) 과학적 상상력과 창의력이 뛰어난 학생으로 수업 시간에 배운 새로운 상황에 대한 다양한 상황을 제시하면서 질문을 이어가는 모습을 보임. 자신만의 시간관리 노트를 만들어 그날의 중요한 일과를 시간 배분을 통하여 수행하는 습관이 있으며, 당일에 해결하지 못한 일은 다음 날 시간관리 계획에 넣어 자신을 제어하고 관리하는 능력을 보여줌. 일률적으로 해야 하는 과제나 반복학습에는 흥미가 낮은 반면, 학습과제를 자신만의 흥미로운 방식을 스스로 찾아내어 수행하는 것을 좋아함. 또한 어떤 현상을 관찰하는 것보다는 전체적으로 통찰하고, 그 의미를 조합하고 숨은 뜻을 잘 파악하는 학습을 선호함.

예시 2) 외교관이라는 뚜렷한 진로 희망을 가지고 영어 학습에 많은 노력을 기울인 결과 폭넓은 어휘력을 바탕으로 영어 회화에서 다양한 상황 표현력이 탁월함. 진로종합검사 결과와 자신의 꿈이 일치하여 꾸준히 노력하고 있으므로 긍정적인 성장이 기대됨. 독서활동을 즐겨하며, 독서감상문, 독서 퀴즈, 독서 감상화 등으로 다양하게 정리하여 독서활동을 내면화함. 독서활동에서 관심과 호기심을 자극하는 분야에 대해서는 집중적으로 몰입하여 관련 도서를 찾아 읽고, 자료를 탐색하는 등 지적 호기심과 문제 해결을 모색하는 활동을 즐겨함.
또한 새로운 분야에 적극적으로 도전하는 진취적인 성향과 자신의 관심 분야에 집중적으로 몰입하는 성격으로, 주어진 과제에 흥미를 보이고 어려운 문제를 해결하기 위해 다방면으로 해결방법을 모색하는 창의적이고 열정적인 모습을 보임.

예시 3) 예의가 바르며 자신이 맡은 일에 최선을 다하려는 자세를 가진 학생임. 평소 쉬는 시간과 점심시간에 학교 도서관에 들려 책을 많이 빌리거나 읽으면서 지식과 사고력의 폭을 넓히기 위해 노력함. 교내 도서관에서 실시한 9월 독서의 달 행사 내용 중 도서관에 정리되지 않은 책들을 정리하여 도서부원에게 확인을 받는 '책 정리 미션'과 책 제목을 맞히는 '책 제목을 맞혀라!'에 적극적으로 참여함. '한국의 CSI'를 읽고 대한민국 최고의 과학 수사원을 꿈꾸는 학생으로 과학자 초청 강연회를 비롯한 과학 관련 분야의 행사에 열심히 참여하였으며, 특히 실험탐구 방과후학교에서 스스로 실험 주제를 정하고 탐구하는 활동을 함.

예시 4) 늘 배려하는 습관으로 단체활동에서도 급우들과 협력하여 늘 화합하는 분위기를 만들어가는 학생으로서 팀장으로 활동을 할 때에는 팀원들도 적극적으로 협력하여 주어진 과제를 수행하는 리더십을 가진 학생임. 또한 팀원으로 활동을 할 때에도 팀원들과 적극적으로 협력하여 팀장을 돕는 성품을 지닌 학생임. 따라서 이러한 활동을 바탕으로 직업기초능력인 대인관계능력을 갖추게 되었으며 특히 리더십 능력이 돋보임.

부록

[부록 1] 2015개정 교육과정 편재표

[부록 2] 2015개정 진로선택 과목안내

[부록 3] 학교생활기록부 관련 WORKSHEET

[부록 4] 학교생활기록부에 기재 가능한 자격증

[부록 5] 학교생활기록부에 기재 가능한 교육청 직속기관

[부록 6] 서울대 계열별 도서목록 (아로리웹진 Vol.7)

[부록 7] 서울대 합격생 학생부 (아로리웹진 Vol.7)

[참고자료]

[부록 1] 2015개정 교육과정 편재표

보통교과

<table>
<tr><th rowspan="2">교과영역</th><th rowspan="2">교과(군)</th><th rowspan="2">공통과목</th><th colspan="4">선택과목</th></tr>
<tr><th colspan="2">일반 선택</th><th colspan="2">진로 선택</th></tr>
<tr><td rowspan="4">기초</td><td>국어</td><td>국어</td><td colspan="2">화법과 작문, 독서,
언어와 매체, 문학</td><td colspan="2">실용 국어, 심화 국어,
고전 읽기</td></tr>
<tr><td>수학</td><td>수학</td><td colspan="2">수학Ⅰ, 수학Ⅱ,
미적분, 확률과 통계</td><td colspan="2">실용 수학, 기하, 경제 수학,
수학과제 탐구</td></tr>
<tr><td>영어</td><td>영어</td><td colspan="2">영어 회화, 영어Ⅰ,
영어 독해와 작문, 영어Ⅱ</td><td colspan="2">실용 영어, 영어권 문화,
진로 영어, 영미 문학 읽기</td></tr>
<tr><td>한국사</td><td>한국사</td><td colspan="2"></td><td colspan="2"></td></tr>
<tr><td rowspan="2">탐구</td><td>사회
(역사/도덕
포함)</td><td>통합사회</td><td colspan="2">한국지리, 세계지리, 세계사,
동아시아사, 경제, 정치와
법, 사회·문화, 생활과 윤리,
윤리와 사상</td><td colspan="2">여행지리, 사회문제 탐구,
고전과 윤리</td></tr>
<tr><td>과학</td><td>통합과학
과학탐구
실험</td><td colspan="2">물리학, 화학, 생명과학Ⅰ,
지구과학Ⅰ</td><td colspan="2">물리학Ⅱ, 화학Ⅱ, 생명과학Ⅱ,
지구과학Ⅱ, 과학사,
생활과 과학, 융합과학</td></tr>
<tr><td rowspan="2">체육
예술</td><td>체육</td><td></td><td colspan="2">체육, 운동과 건강</td><td colspan="2">스포츠 생활, 체육 탐구</td></tr>
<tr><td>예술</td><td></td><td colspan="2">음악, 미술, 연극</td><td colspan="2">음악 연주, 음악 감상과 비평
미술 창작, 미술 감상과 비평</td></tr>
<tr><td rowspan="4">생활
교양</td><td>기술
가정</td><td></td><td colspan="2">기술·가정, 정보</td><td colspan="2">농업 생명 과학, 공학 일반,
창의 경영, 해양 문화와 기술,
가정과학, 지식 재산 일반</td></tr>
<tr><td>제2
외국어</td><td></td><td>독일어Ⅰ
프랑스어Ⅰ
스페인어Ⅰ
중국어Ⅰ</td><td>일본어Ⅰ
러시아어Ⅰ
아랍어Ⅰ
베트남어Ⅰ</td><td>독일어Ⅱ
프랑스어Ⅱ
스페인어Ⅱ
중국어Ⅱ</td><td>일본어Ⅱ
러시아어Ⅱ
아랍어Ⅱ
베트남어Ⅱ</td></tr>
<tr><td>한문</td><td></td><td colspan="2">한문Ⅰ</td><td colspan="2">한문Ⅱ</td></tr>
<tr><td>교양</td><td></td><td colspan="2">철학, 논리학, 심리학, 교육학,
종교학, 진로와 직업, 보건,
환경, 실용 경제, 논술</td><td colspan="2"></td></tr>
</table>

전문교과 Ⅰ

교과(군)	과목			
과학 계열	심화 수학Ⅰ 고급 물리학 물리학 실험 정보과학	심화 수학Ⅱ 고급 화학 화학 실험 융합과학 탐구	고급 수학Ⅰ 고급 생명과학 생명과학 실험 과학과제 연구	고급 수학Ⅱ 고급 지구과학 지구과학 실험 생태와 환경
체육 계열	스포츠 개론 체조 운동 체육 전공 실기 기초 스포츠 경기 체력	체육과 진로 탐구 수상 운동 체육 전공 실기 심화 스포츠 경기 실습	체육 지도법 개인·대인 운동 체육 전공 실기 응용 스포츠 경기 분석	육상 운동 단체 운동
예술 계열	음악 이론 합창 미술 이론 입체 조형 무용의 이해 무용 음악 실습 문예 창작 입문 고전문학 감상 극 창작 연극의 이해 연극 감상과 비평 영화 제작 실습 사진의 이해 사진 표현 기법	음악사 합주 미술사 매체 미술 무용과 몸 안무 문학 개론 현대문학 감상 연기 영화의 이해 영화 감상과 비평 기초촬영 영상 제작의 이해	시창·청음 공연실습 드로잉 미술 전공 실기 무용 기초 실기 무용과 매체 문장론 시 창작 무대기술 영화기술 암실 실기 사진 영상 편집	음악 전공 실기 평면 조형 무용 전공 실기 무용 감상과 비평 문학과 매체 소설 창작 연극 제작 실습 시나리오 중급 촬영 사진 감상과 비평
외국어 계열	심화 영어 회화Ⅰ 심화 영어 독해Ⅰ 전공 기초 독일어 독일어 독해와 작문Ⅱ 전공 기초 프랑스어 프랑스어 독해와 작문Ⅱ 전공 기초 스페인어 스페인어 독해와 작문Ⅱ 전공 기초 중국어 중국어 독해와 작문Ⅱ 전공 기초 일본어 일본어 독해와 작문Ⅱ 전공 기초 러시아어 러시아어 독해와 작문Ⅱ 전공 기초 아랍어 아랍어 독해와 작문Ⅱ 전공 기초 베트남어 베트남어 독해와 작문Ⅱ	심화 영어 회화Ⅱ 심화 영어 독해Ⅱ 독일어 회화Ⅰ 독일어권 문화 프랑스어 회화Ⅰ 프랑스어권 문화 스페인어 회화Ⅰ 스페인어권 문화 중국어 회화Ⅰ 중국 문화 일본어 회화Ⅰ 일본 문화 러시아어 회화Ⅰ 러시아 문화 아랍어 회화Ⅰ 아랍 문화 베트남어 회화Ⅰ 베트남 문화	심화 영어Ⅰ 심화 영어 작문Ⅰ 독일어 회화Ⅱ 프랑스어 회화Ⅱ 스페인어 회화Ⅱ 중국어 회화Ⅱ 일본어 회화Ⅱ 러시아어 회화Ⅱ 아랍어 회화Ⅱ 베트남어 회화Ⅱ	심화 영어Ⅱ 심화 영어 작문Ⅱ 독일어 독해와 작문Ⅰ 프랑스어 독해와 작문Ⅰ 스페인어 독해와 작문Ⅰ 중국어 독해와 작문Ⅰ 일본어 독해와 작문Ⅰ 러시아어 독해와 작문Ⅰ 아랍어 독해와 작문Ⅰ 베트남어 독해와 작문Ⅰ

국제 계열	국제 정치 한국 사회의 이해 현대 세계의 변화	국제 경제 비교 문화 사회 탐구 방법	국제법 세계 문제와 미래 사회 사회과제 연구	지역 이해 국제 관계와 국제기구

출처 : 2015고교생활 가이드북 서울대

[부록 2] 2015개정 진로선택 과목안내

⊙ 국어교과 - 실용국어

선택(진로) 실용 국어
'국어'에서 학습한 결과를 바탕으로 일상생활 및 직업 생활에서 업무를 수행하는 데 필요한 능력을 기르는 데 목적을 두고 있는 진로 선택 과목임. 이 과목은 주로 취업과 관련하여 업무 수행을 위해 말이나 글, 자료 등을 정확하게 이해하고 맥락에 따라 자신의 의사를 효과적으로 전달하는 방법을 기르는 데 중점을 두고 있음.

목표

- 직업 분야에서의 직무 수행을 위한 국어 사용의 원리를 체계적으로 이해한다.
- 직무 수행에 필요한 다양한 국어 사용 능력을 기른다.
- 다양한 직무 상황에서 효과적으로 의사소통하는 태도를 기른다.

내용 체계

영역	핵심 개념	내용 요소
직무 어휘와 어법	• 어휘 선택 • 문장 작성	• 맥락에 맞는 어휘 • 어법에 맞는 문장
정보의 해석과 조직	• 정보 해석 • 정보 조직	• 정보의 수집과 분석 • 정보의 추론과 해석 • 정보의 조직과 전달
설득과 협력적 문제 해결	• 설득 • 의사 결정 • 문제 해결 • 갈등 관리	• 주장과 근거 • 합리적 의사 결정 • 협력적 문제 해결
대인 관계와 의사소통	• 대인 관계 • 언어 예절	• 언어 예절 • 공감적 소통
문화와 교양	• 의사소통 문화 • 자아 성찰 • 교양 함양	• 직장 내 의사소통 문화 • 독서와 글쓰기를 통한 성찰과 교양 함양

과목 관련 정보

관련 과목 및 위계	관련 직업
공통: 국어 일반 선택: 화법과 작문, 독서, 언어와 매체, **문학** 진로 선택: **실용국어**, 심화 국어, 고전 읽기	언론인, 중등교사, 작가, 언어학연구원, 일반 공무원, 법률 사무원, 방송작가, 출판물편집자, 카피라이터, 평론가, 프로듀서, 통역사 등

관련 인증 및 자격증	관련 학과
국어능력인증, KBS한국어능력검정, 한국어교육능력검정, 한국어교원자격증, 한국실용글쓰기검정 등	국어국문학과, 국어교육학과, 신문방송학과, 미디어커뮤니케이션학과, 언어학과, 문헌정보학과, 행정학과, 관광경영과, 비서행정과 등

◉ 국어교과 - 심화국어

선택(진로) 심화 국어
'국어'에서 학습한 결과를 바탕으로 심화된 학문 탐구 능력을 향상시키기 위한 진로 선택 과목임. 상급 학교에서 자신이 선택한 전공 분야의 전문적 내용을 학습하기 위해 필요한 능력들, 즉 폭넓은 사고력, 언어적 사고력, 이해 및 표현 능력 등을 기름으로써 원활한 학업 수행이 이루어지도록 하는 데에 중점을 두고 있음.

목표

- 학문 분야에서의 학습과 연구를 위한 국어 사용의 원리를 체계적으로 이해한다.
- 학습과 연구에 필요한 언어적 사고력과 심화된 국어 사용 능력을 기른다.
- 학습 및 연구와 관련된 윤리를 지키고 국어 활동에 적극적으로 참여하는 태도를 기른다.

내용 체계

영역	핵심 개념	내용 요소
논리적 사고와 의사소통	• 논리적 사고 • 정보 활용 • 정보 소통	• 청중 분석 • 정보 수집과 분석 • 정보의 조직 • 정보 표현과 전달

비판적 사고와 문제 해결	• 비판적 사고 • 의사 결정 • 문제 해결	• 비판적 이해 • 논점 구성 • 대안 탐색 • 합리적 의사 결정
창의적 사고와 문화 활동	• 창의적 사고 • 언어 예술 • 언어 공동체	• 창의적 언어 표현 • 언어 예술 향유 • 의사소통 문화
윤리적 사고와 학문 활동	• 윤리적 사고 • 학문 탐구 자세	• 쓰기 윤리 • 협력적 탐구 자세 • 비판적 탐구 자세 • 매체 이용과 표현의 윤리

과목 관련 정보

관련 과목 및 위계	관련 직업
공통: 국어 **일반 선택**: 화법과 작문, 독서, 언어와 매체, 문학 **진로 선택**: 실용국어, **심화 국어**, 고전 읽기	언론인, 중등교사, 작가, 언어학연구원, 일반 공무원, 법률 사무원, 방송작가, 출판물편집자, 카피라이터, 평론가, 프로듀서, 통역사 등

관련 인증 및 자격증	관련 학과
국어능력인증, KBS한국어능력검정, 한국어교육능력검정, 한국어교원자격증, 한국실용글쓰기검정 등	국어국문학과, 국어교육학과, 문예창작과, 신문방송학과, 미디어커뮤니케이션학과, 언어학과, 광고홍보학과, 문헌정보학과 등

◉ 국어교과 - 고전읽기

선택(진로) 고전읽기
'국어'에서 학습한 결과를 바탕으로 다양한 고전을 읽으며 보다 수준 높은 교양을 갖추고 다양한 분야의 진로에 필요한 지혜와 소양을 기르는 데 목적을 두고 있음. 인문, 예술, 사회, 문화, 과학, 기술 등 다양한 분야의 고전을 읽고 이를 바탕으로 한 토론과 논술 활동을 통해 내용에 대한 이해와 더불어 고전이 우리 삶에 지니는 의미와 가치 등을 이해함으로써 의사소통 능력의 폭과 깊이를 심화시킬 수 있음.

목표

- 고전의 가치와 고전을 통한 국어 능력 심화의 중요성을 이해한다.
- 고전을 제재로 하여 비판적·창의적 사고력을 신장하고 의사소통 능력과 문화적 소통 능력을 기른다.
- 고전과의 소통을 생활화하여 수준 높고 윤리적인 국어생활을 영위하는 태도를 기른다.

내용 체계

영역	핵심 개념	내용 요소
고전의 가치	• 고전의 지혜 • 성찰적 독서	• 고전의 특성 • 고전 읽기의 중요성
고전의 수용	• 정전으로서의 고전 • 고전과 교양	• 고전의 다양성 • 고전을 통한 자아와 세계의 이해 • 고전에 대한 가치 평가 • 고전을 활용한 문제 해결
고전과 국어 능력	• 고전의 표현 방법 • 국어문화	• 고전의 표현상 특징과 효과 • 고전 읽기와 통합적 국어 활동
고전과 삶	• 고전과 인성 • 고전 읽기의 생활화	• 고전 읽기의 생활화와 인성 함양

과목 관련 정보

관련 과목 및 위계	관련 직업
공통: 국어 **일반 선택**: 화법과 작문, 독서, 언어와 매체, 문학 **진로 선택**: 실용국어, 심화 국어, **고전 읽기**	언론인, 중등교사, 작가, 언어학연구원, 일반 공무원, 법률 사무원, 방송작가, 출판물편집자, 카피라이터, 평론가, 프로듀서, 통역사 등

관련 인증 및 자격증	관련 학과
국어능력인증, KBS한국어능력검정, 한국어교육능력검정, 한국어교원자격증, 한국실용글쓰기검정 등	국어국문학과, 국어교육학과, 한문학과, 철학과, 신문방송학과, 미디어커뮤니케이션학과, 언어학과, 문예창작과, 문헌정보학과, 독서문화콘텐츠학과 등

⦿ 수학교과 - 실용수학

선택(진로) 실용 수학
'수학'을 학습한 후, 수학이 실생활의 다양한 분야에서 어떻게 활용되는지 이해하고 수학을 활용하여 실생활 문제 해결 방법을 알기를 원하는 학생들이 선택할 수 있는 과목임. 생활 주변에서 접하는 여러 가지 실생활 문제를 해결하는 능력을 기르는 데 기초가 되고, 창의적 역량을 갖춘 융합 인재로 성장할 수 있는 기반을 제공함.

목표

- 사회 및 자연 현상을 수학적으로 관찰, 분석, 조직, 표현하는 경험을 통하여 규칙, 공간, 자료에 관련된 개념, 원리, 법칙과 이들 사이의 관계를 이해하고 수학의 기능을 습득한다.
- 수학적으로 추론하고 의사소통하며, 창의·융합적 사고와 정보 처리 능력을 바탕으로 사회 및 자연 현상을 수학적으로 이해하고 문제를 합리적이고 창의적으로 해결한다.
- 수학에 대한 흥미와 자신감을 갖고 수학의 역할과 가치를 이해하며 수학 학습자로서 바람직한 태도와 실천 능력을 기른다.

내용 체계

영역	핵심 개념	내용 요소
해석기하	• 경우의 수	• 순열과 조합 • 이항정리
기하	• 확률	• 확률의 뜻과 활용 • 조건부활용
통계	• 통계	• 확률분포 • 통계적 추정

과목 관련 정보

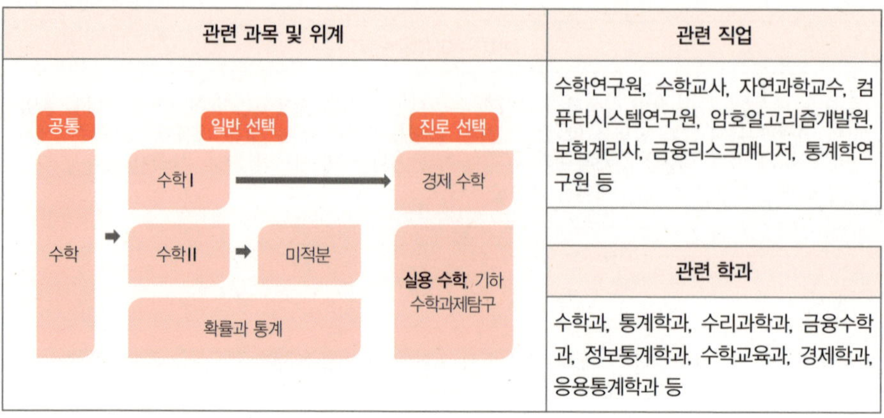

관련 과목 및 위계	관련 직업
(도표)	수학연구원, 수학교사, 자연과학교수, 컴퓨터시스템연구원, 암호알고리즘개발원, 보험계리사, 금융리스크매니저, 통계학연구원 등
	관련 학과
	수학과, 통계학과, 수리과학과, 금융수학과, 정보통계학과, 수학교육과, 경제학과, 응용통계학과 등

⊙ 수학교과 – 기하

선택(진로) 기하
'수학'을 학습한 후, 기하적 관점에서 심화된 수학 지식을 이해하고 기능을 습득하기를 원하는 학생들이 선택할 수 있는 과목임. 자연과학, 공학, 의학뿐만 아니라 경제·경영학을 포함한 사회과학 분야를 학습하는 데 기초가 되며, 나아가 창의적 역량을 갖춘 융합 인재로 성장할 수 있는 기반을 제공함.

목표

- 사회 및 자연 현상을 수학적으로 관찰, 분석, 조직, 표현하는 경험을 통하여 이차곡선, 평면벡터, 공간 도형과 공간좌표에 관련된 개념, 원리, 법칙과 이들 사이의 관계를 이해하고 수학의 기능을 습득한다.
- 수학적으로 추론하고 의사소통하며, 창의·융합적 사고와 정보 처리 능력을 바탕으로 사회 및 자연 현상을 수학적으로 이해하고 문제를 합리적이고 창의적으로 해결한다.
- 수학에 대한 흥미와 자신감을 갖고 수학의 역할과 가치를 이해하며 수학 학습자로서 바람직한 태도와 실천 능력을 기른다.

내용 체계

영역	핵심 개념	내용 요소
해석	• 이차곡선	• 이차곡선
	• 평면벡터	• 벡터의 연산 • 평면벡터의 성분과 내적
	• 공간도형과 공간좌표	• 직선과 평면 • 정사영 • 공간좌표

과목 관련 정보

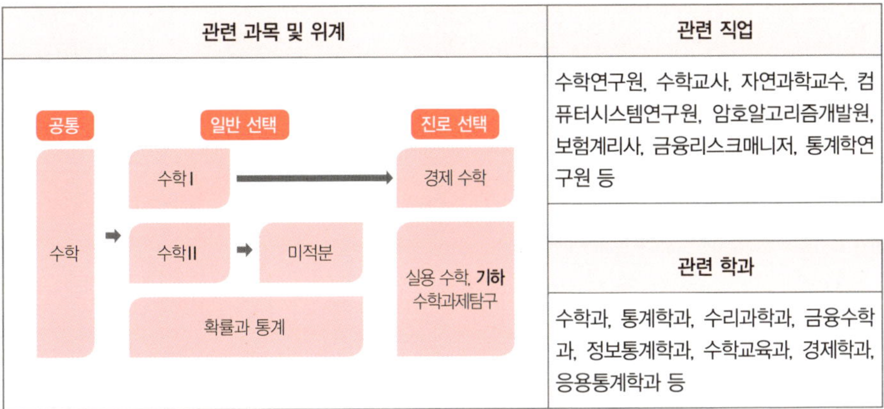

관련 과목 및 위계	관련 직업
공통: 수학 → 일반 선택: 수학Ⅰ, 수학Ⅱ → 미적분, 확률과 통계 / 진로 선택: 경제 수학, 실용 수학, **기하**, 수학과제탐구	수학연구원, 수학교사, 자연과학교수, 컴퓨터시스템연구원, 암호알고리즘개발원, 보험계리사, 금융리스크매니저, 통계학연구원 등
	관련 학과
	수학과, 통계학과, 수리과학과, 금융수학과, 정보통계학과, 수학교육과, 경제학과, 응용통계학과 등

⊙ 수학교과 – 경제수학

선택(진로) 경제수학
수학Ⅰ'을 학습한 후, 수학의 지식과 기능을 활용하여 경제 및 금융의 기본 개념을 이해하기를 원하는 학생들이 선택할 수 있는 과목임. '경제 수학'에서 학습한 수학 및 경제의 내용은 경제·경영·금융을 포함한 사회과학 분야를 학습하는 데 기초가 되고, 나아가 창의적 역량을 갖춘 융합 인재로 성장할 수 있는 기반을 제공함.

목표

- 생활 주변에서 친숙하게 접하는 경제 현상을 수학적으로 관찰, 분석, 조직, 표현하는 경험을 통하여 수와 생활경제, 수열과 금융, 함수와 경제, 미분과 경제에 관련된 개념, 원리, 법칙과 이들 사이의 관계를 이해하고 수학의 기능을 습득한다.
- 수학적으로 추론하고 의사소통하며, 창의·융합적 사고와 정보 처리 능력을 바탕으로 사회 및 자연 현상을 수학적으로 이해하고 문제를 합리적이고 창의적으로 해결한다.
- 경제 현상에 대한 흥미와 수학에 대한 자신감을 갖고, 경제 문제 해결에 수학을 적극적으로 활용하는 태도와 합리적으로 의사 결정하는 능력을 기른다.

내용 체계

영역	핵심 개념	내용 요소
대수	• 수와 생활경제	• 경제지표 • 환율 • 세금
	• 수열과 금융	• 이자와 원리합계 • 연속복리 • 연금
해석	• 함수와 경제	• 함수와 경제현상 • 함수의 활용
	• 미분과 경제문제	• 미분 • 미분과 경제문제

과목 관련 정보

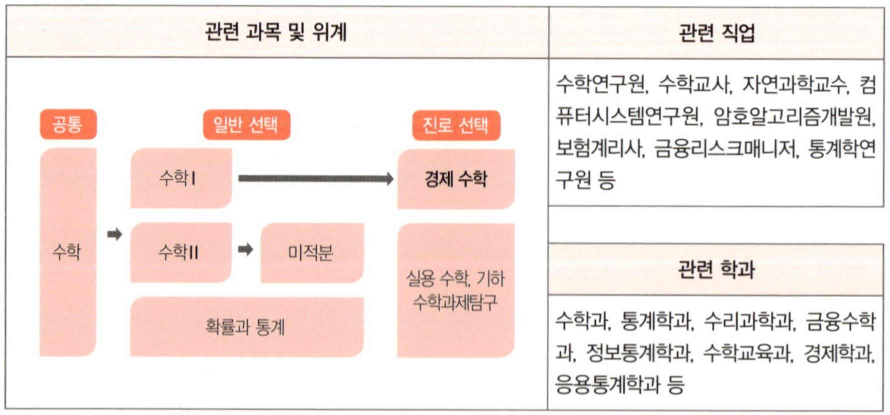

관련 직업
수학연구원, 수학교사, 자연과학교수, 컴퓨터시스템연구원, 암호알고리즘개발원, 보험계리사, 금융리스크매니저, 통계학연구원 등

관련 학과
수학과, 통계학과, 수리과학과, 금융수학과, 정보통계학과, 수학교육과, 경제학과, 응용통계학과 등

⊙ 수학교과 - 수학과제탐구

선택(진로) 수학과제탐구
'수학'을 학습한 후, 수학과제 탐구 방법을 익히고 자신의 관심과 흥미에 맞는 수학과제를 선정하여 탐구하는 과목임. 자연과학, 공학, 의학뿐만 아니라 경제·경영학을 포함한 사회과학, 인문학, 예술 및 체육 분야를 학습하는 데 기초가 되며, 나아가 창의적 역량을 갖춘 융합 인재로 성장할 수 있는 기반을 제공함.

목표

- 수학과제 탐구의 필요성을 이해하고 수학과제 탐구 방법을 습득하며 수학과제 탐구 능력을 기른다.
- 수학적으로 추론하고 의사소통하며, 창의·융합적 사고와 정보 처리 능력을 바탕으로 사회 및 자연 현상을 수학적으로 이해하고 문제를 합리적이고 창의적으로 해결한다.
- 수학에 대한 흥미와 자신감을 갖고 수학의 역할과 가치를 이해하며 수학 학습자로서 바람직한 태도와 실천 능력을 기른다.

내용 체계

영역	내용 요소
과제 탐구의 이해	• 수학과제 탐구의 의미와 필요성 • 과제 탐구 방법과 절차 • 연구 윤리
과제 탐구 실행 및 평가	• 탐구 주제 선정 • 탐구 계획 수립 • 탐구 수행 • 탐구 결과 정리 및 발표 • 반성 및 평가

과목 관련 정보

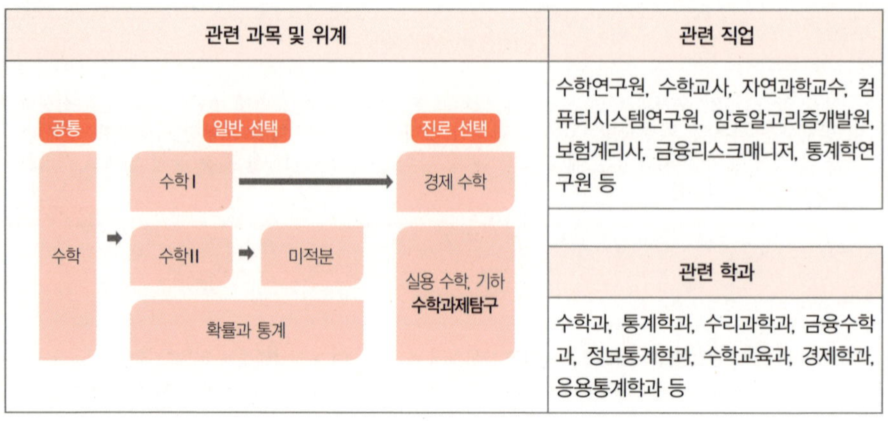

관련 과목 및 위계	관련 직업
(도식)	수학연구원, 수학교사, 자연과학교수, 컴퓨터시스템연구원, 암호알고리즘개발원, 보험계리사, 금융리스크매니저, 통계학연구원 등

관련 학과
수학과, 통계학과, 수리과학과, 금융수학과, 정보통계학과, 수학교육과, 경제학과, 응용통계학과 등

⊙ 영어교과 – 실용영어

선택(진로) 실용영어
'영어'나 일반 선택 과목군의 교과목에서 배운 내용을 활용하여 실생활에 필요한 의사소통능력을 향상시키고, 학습자의 진로 분야와 관련된 영어 이해 능력과 표현 능력의 기초를 다지는 과목임. 학습자 중심의 활동을 통해 영어 의사소통능력과 창의적 사고력을 배양하고, 협동 학습과 자기 주도적인 학습을 통해 바른 인성을 키우도록 함. 또한 국제적 안목을 갖게 하고 세계인으로서의 자질과 소양도 높일 수 있도록 함.

목표

- 실생활에서 필요로 하는 실용적 의사소통능력을 기른다.
- 실생활 중심의 다양한 주제에 관한 말이나 대화를 듣고 이해한다.
- 실생활 중심의 다양한 주제에 관한 글을 읽고 이해한다.
- 말이나 글을 사용하여 목적, 상황, 형식에 맞게 의사소통을 한다.
- 실생활의 다양한 자료와 정보를 활용하여 진로를 탐색하는 능력을 배양한다.

내용 체계

영역	핵심 개념	내용 요소	
듣기	• 세부 정보 • 중심 내용 • 맥락	• 방송, 광고, 안내 • 일이나 사건의 순서, 전후 관계 • 상황 및 화자 간의 관계 • 화자의 의도, 목적	• 줄거리, 주제, 요지 • 일이나 사건의 원인, 결과 • 화자의 심정, 태도
말하기	• 담화	• 사람, 사물, 장소 • 중심 내용 • 그림, 사진, 도표, 서식	• 의견, 감정 • 사람, 사물, 장소
읽기	• 세부 정보 • 중심 내용 • 맥락	• 광고, 안내문 • 일이나 사건의 순서, 전후 관계 • 일이나 사건의 원인, 결과	• 줄거리, 주제, 요지 • 필자의 심정, 태도 • 필자의 의도, 목적
쓰기	• 문장 • 작문	• 대상, 상황 • 그림, 사진, 도표	• 의견, 감정 • 서식, 이메일, 메모

과목 관련 정보

관련 과목 및 위계	관련 직업
공통: 영어 **일반 선택**: 영어 회화, 영어 I, 영어 독해와 작문, 영어 II **진로 선택**: **실용영어**, 영어권 문화, 진로 영어, 영미 문학 읽기	통역사, 번역가, 교수, 무역관련 종사자, 교사, 언어학자 등

관련 인증 및 자격증	관련 학과
TOEFL, TOEIC, IELTS, TEPS, TELP, OPIc 등	영어교육과, 영문학과, 영어통번역학과, 자율전공, 상경계열, 공학계열, 자연계열 등

⦿ 영어교과 - 영어권문화

선택(진로) 영어권문화
공통 과목인 '영어'나 일반 선택 과목군의 교과목에서 배운 내용을 활용하여 글로벌 시대에 영어로 의사소통할 수 있는 능력을 기르고, 영어를 사용하는 다양한 문화적, 언어적 배경의 사람들과 의사소통을 위한 문화적 소양, 타인에 대한 배려, 세계 시민 의식을 함양하기 위한 과목임. 학습자 중심의 활동을 통해 영어 의사소통능력과 창의적 사고력을 배양하고, 협동 학습과 자기 주도적인 학습을 통해 바른 인성을 키우도록 함. 또한 국제적 안목을 갖게 하고 세계인으로서의 자질과 소양도 높일 수 있도록 함.

목표

- 영어권 문화의 다양한 생활양식, 풍습, 사고방식 등에 관해 이해하고 표현하는 능력을 기른다.
- 영어권 문화에 대한 유연하고 개방적인 태도를 기르고 세계인으로서의 의사소통능력을 배양한다.
- 영어권 문화와 우리 문화의 유사점과 차이점을 비교하여 각 문화의 고유성을 존중하는 태도를 기른다.
- 영어권 문화에 대한 다양한 정보와 폭넓은 체험을 통하여 의사소통을 위한 문화적 소양을 배양한다.

내용 체계

영역	핵심 개념	내용 요소	
듣기	• 세부 정보 • 중심 내용 • 맥락	• 생활양식, 풍습, 사고방식 • 주제, 요지 • 화자의 심정, 태도	• 타 문화 이해 • 화자의 의도, 목적
말하기	• 담화	• 생활양식, 풍습, 사고방식 • 문화 비교, 대조	• 타 문화 이해 • 언어적·비언어적 의사소통 방식
읽기	• 세부 정보 • 중심 내용 • 맥락	• 생활양식, 풍습, 사고방식 • 줄거리, 주제, 요지 • 필자의 심정, 태도	• 타 문화 이해 • 필자의 의도, 목적
쓰기	• 문장 • 작문	• 생활양식, 풍습, 사고방식 • 의견, 감정 • 경험 • 문화 비교, 대조	• 주제, 요지 • 타 문화 이해 • 보고서

과목 관련 정보

관련 과목 및 위계	관련 직업
공통: 영어 **일반 선택**: 영어 회화, 영어 I, 영어 독해와 작문, 영어 II **진로 선택**: 실용영어, **영어권 문화**, 진로 영어, 영미 문학 읽기	통역사, 번역가, 교수, 무역관련 종사자, 교사, 언어학자 등

관련 인증 및 자격증	관련 학과
TOEFL, TOEIC, IELTS, TEPS, TELP, OPIc 등	영어교육과, 영문학과, 영어통번역학과, 자율전공, 상경계열, 공학계열, 자연계열 등

⊙ 영어교과 – 진로영어

선택(진로) 진로영어
'영어'나 일반 선택 과목군의 교과목에서 배운 내용을 활용하여 다양한 직업 및 진로에 관한 정보 이해를 바탕으로 학습자의 적성과 흥미를 고려한 미래 진로 탐색과 설계의 기회를 제공하고, 취업 및 일반적인 직무 수행에 필요한 기초능력 계발을 위하여 영어를 학습하게 하는 과목임. 학습자들의 진로와 전공에 따른 다양한 요구를 충족시키기 위해, 통합·융합학습 또는 진로 탐색 및 체험 등을 통해 언어 능력을 계발하도록 함. 학습자 중심의 활동을 통해 영어 의사소통능력과 창의적 사고력을 배양하고, 협동 학습과 자기 주도적인 학습을 통해 바른 인성을 키우도록 함. 또한 국제적 안목을 갖게 하고 세계인으로서의 자질과 소양도 높일 수 있도록 함.

목표

- 다양한 직업 및 진로 분야에서 필요한 실용적인 의사소통능력을 기른다.
- 다양한 직업 및 진로에 관한 말이나 대화를 듣고 이해한다.
- 다양한 직업 및 진로에 관한 글을 읽고 이해한다.
- 말이나 글을 사용하여 목적, 상황, 형식에 맞게 의사소통을 한다.
- 다양한 직업 분야에서 수행하는 업무에 관한 영어를 학습하여 실무 능력을 함양한다.

내용 체계

영역	핵심 개념	내용 요소		
듣기	• 세부 정보 • 중심 내용 • 맥락	• 대상, 주제 • 줄거리, 주제, 요지 • 상황 및 화자 간의 관계	• 그림, 사진, 도표 • 일이나 사건의 순서, 전후 관계 • 화자의 의도, 목적	• 직업, 진로에 관한 주제 • 일이나 사건의 원인, 결과 • 화자의 심정, 태도
말하기	• 담화	• 사람, 사물, 장소 • 줄거리, 주제, 요지 • 직업, 진로에 관한 주제	• 직업, 진로에 관한 주제 • 사람, 사물, 장소 • 인터뷰	• 의견, 감정 • 그림, 사진, 도표, 서식
읽기	• 세부 정보 • 중심 내용 • 맥락	• 대상, 주제 • 그림, 사진, 도표 • 일이나 사건의 순서, 전후 관계 • 필자의 심정, 태도	• 직업, 진로에 관한 주제 • 일이나 사건의 원인, 결과	• 줄거리, 주제, 요지 • 필자의 의도, 목적
쓰기	• 문장 • 작문	• 대상, 상황 • 의견, 감정	• 그림, 사진, 도표 • 사람, 사물, 사건	• 주제, 요지 • 자기소개서, 업무계획서, 이메일

과목 관련 정보

관련 과목 및 위계			관련 직업
공통	일반 선택	진로 선택	통역사, 번역가, 교수, 무역관련 종사자, 교사, 인어학자 등
영어	영어 회화, 영어 I 영어 독해와 작문, 영어 II	실용영어, 영어권 문화, **진로 영어**, 영미 문학 읽기	

관련 인증 및 자격증	관련 학과
TOEFL, TOEIC, IELTS, TEPS, TELP, OPIc 등	영어교육과, 영문학과, 영어통번역학과, 자율전공, 상경계열, 공학계열, 자연계열 등

⊙ 영어교과 - 영미 문화 읽기

선택(진로) 영미 문화 읽기
영미에서 출판된 대표적인 소설, 시, 희곡 등 문학 작품의 독서와 감상을 통하여 영어 이해 능력과 표현 능력을 심화시키고 인문학적 상상력과 창의력을 바탕으로 한 영어 독서 능력을 향상시키는 과목임. 학생 중심의 활동을 통해 영어 의사소통능력과 창의적 사고력을 배양하고, 협동 학습과 자기 주도적인 학습을 통해 바른 인성을 키우도록 함. 또한 국제적 안목을 갖게 하고 세계인으로서의 자질과 소양도 높일 수 있도록 함.

목표

- 영미문학 작품 읽기를 통해 영어를 이해하고 표현하는 능력을 심화시킨다.
- 영미문학 작품을 감상함으로써 창의적, 비판적 사고를 바탕으로 한 독서 능력을 계발한다.
- 영미문학에 대한 인문학적 소양과 심미적 태도를 함양하며 영어 학습을 극대화한다.
- 영미문학 작품 읽기를 통해 세계인으로서 갖추어야할 다문화에 대한 이해를 넓힌다.

내용 체계

영역	핵심 개념	내용 요소
읽기	• 세부 정보 • 중심 내용 • 맥락	• 등장인물, 사건, 시간, 장소 • 이미지, 은유, 상징 • 줄거리, 주제, 요지 • 유기적 관계 • 필자의 의도, 목적 • 분위기, 심정, 어조, 상황 • 문학적 표현과 의미 • 작품의 배경과 시대적 상황
쓰기	• 문장 • 작문	• 등장인물, 사건, 시간, 장소 • 분위기, 심정, 어조, 상황 • 이미지, 은유, 상징 • 주제, 요지 • 감상, 비평 • 상황극

과목 관련 정보

관련 과목 및 위계			관련 직업
공통	일반 선택	진로 선택	통역사, 번역가, 교수, 무역관련 종사자, 교사, 언어학자 등
영어	영어 회화, 영어I 영어 독해와 작문, 영어II	실용영어, 영어권 문화, 진로 영어, **영미 문학 읽기**	

관련 인증 및 자격증	관련 학과
TOEFL, TOEIC, IELTS, TEPS, TELP, OPIc 등	영어교육과, 영문학과, 영어통번역학과, 자율전공, 상경계열, 공학계열, 자연계열 등

⊙ 사회교과 – 여행지리

선택(진로) 여행지리
지리교과의 여행이라는 주제를 빌려 우리나라와 세계의 자연환경 및 인문환경이 어떤 모습으로 존재하고 변화하는지를 통합적으로 이해하는 과목임.

목표

- 의미 있고 바람직한 여행에 필요한 지식, 기능, 가치 및 태도를 익힘으로써 통합적 탐구력과 비판적 사고력, 문제 해결 능력 및 의사 결정 능력을 기른다.
- 국내 및 세계적으로 널리 알려진 지역별 자연환경 및 인문환경 특성과 그곳에서 살아가는 사람들의 다양한 생활 모습을 이해하고 존중·배려 그리고 소통과 공감하는 태도를 기른다.
- 여행의 특성과 그 변화를 통해 현대사회의 특성과 미래 사회의 변화 방향을 탐색하고, 자신뿐 아니라 인류 공동체의 바람직하고 행복한 삶을 만들어 나가는 데 필요한 진로 탐색 능력, 공동체에 대한 책임의식, 사회참여 능력을 기른다.

내용 체계

영역	내용 요소	
여행을 왜, 어떻게 할까?	• 여행의 의미와 종류 • 지도 및 지리정보 시스템의 활용 • 교통수단과 여행 방식	• 여행에 필요한 지식, 기능, 가치 및 태도
매력적인 자연을 찾아가는 여행	• 지형의 관광적 매력 • 기후와 인간 생활 • 지형과 인간 생활	• 지구환경의 지속 가능성 • 기후의 관광적 매력 • 우리나라의 자연
다채로운 문화를 찾아가는 여행	• 문화 지역 • 촌락여행과 도시여행 • 세계문화유산	• 우리나라의 문화 • 문화 전파와 변동
인류의 성찰과 공존을 위한 여행	• 산업 유산과 기념물 여행 • 인류의 공존과 봉사 여행	• 생태, 첨단, 문화도시
여행자와 여행지 주민이 모두 행복한 여행	• 여행 산업과 지역 • 공정여행, 대안여행	• 책임감 있는 여행 • 지속가능한 관광개발
여행과 미래 사회 그리고 진로	• 여행산업 • 미래 세계와 여행	• 여행 관련 직업 • 진로 탐색

과목 관련 정보

관련 과목 및 위계			관련 직업
공통	**일반 선택**	**진로 선택**	지리교사, 외교관, GIS(지리정보시스템) 전문가, 환경영향 평가원, 국책 연구소 연구원(국토지리정보원, 한국환경정책평가연구원) 등
통합사회	한국지리 세계지리 세계사 동아시아사 경제 정치와 법 사회·문화 생활과 윤리 윤리와 사상	**여행지리** 사회문제 탐구 고전과 윤리	**관련 학과** 관광학과, 지리학과, 외국어 관련 학과, 역사학과 등

⊙ 사회교과 - 사회문제탐구

선택(진로) 사회문제탐구
다양한 층위의 공동체에서 발생하는 여러 사회문제에 대한 탐구를 통해 사회문제의 원인을 파악하고 이에 대한 적절한 해결 방안을 모색할 수 있는 능력을 함양하며, 사회문제 해결을 위해 능동적이고 주체적으로 참여하는 민주 시민으로서의 태도를 기르는 것을 목표로 하는 과목임.

목표

- 사회현상으로서 사회문제의 의미와 특징을 이해하며, 사회문제를 바라보는 다양한 관점의 특징을 비교할 수 있다.
- 실생활과 관련된 사회문제를 찾아보고, 이에 대한 탐구 계획을 수립할 수 있는 능력을 기른다.
- 사회문제와 관련된 다양한 정보 및 자료를 수집·분석하며 이를 적용하여 해결 방안을 모색하는 과정을 통해 정보 활용 능력, 문제 해결력, 의사 결정 능력, 비판적 사고력 등을 기른다.
- 사회문제를 공동으로 탐구하고, 그 과정을 보고서로 발표함으로써 문제 해결력과 의사소통 능력 및 반성적 글쓰기 능력을 함양한다.
- 사회문제 해결을 위한 시민의 책임을 인식하고 사회문제 해결을 위해 능동적으로 참여하는 태도를 가진다.
- 사회문제 탐구 및 해결과 관련된 다양한 직업을 조사하는 과정을 통해 사회과학 계열 관련 진로를 탐색해보는 기회를 갖는다.

내용 체계

영역	내용 요소	
사회문제의 이해	• 사회문제의 의미와 특징 • 사회문제 탐구 방법과 절차	• 사회문제 탐구 과정에서의 쟁점
게임 과몰입	• 정보사회의 의미와 특징	• 게임 과몰입의 발생 원인과 해결 방안
학교 폭력	• 범죄의 현황과 유형	• 학교 폭력의 발생 원인과 해결 방안
저출산·고령화에 따른 문제	• 출생과 사망의 사회적 의의	• 저출산·고령화 현상으로 인해 나타날 수 있는 사회문제의 해결 방안
사회적 소수자에 대한 차별	• 사회적 소수자의 의미	• 사회적 소수자에 대한 편견과 차별의 발생 원인과 해결 방안
사회문제 사례 연구	• 사회문제 사례 선정 • 탐구 계획 수립과 해결 방안 도출	• 보고서 작성 및 발표

과목 관련 정보

관련 과목 및 위계			관련 직업
공통	**일반 선택**	**진로 선택**	사회조사전문가, 여론조사전문가, 광고 및 홍보전문가, 언론사, 사회단체활동가, 사회복지사, 사회과교사, 사회여론연구소, 사회정책연구원, 노동사회연구소, 사회과학연구소 등
통합사회	한국지리 세계지리 세계사 동아시아사 경제 정치와 법 사회·문화 생활과 윤리 윤리와 사상	여행지리 **사회문제 탐구** 고전과 윤리	**관련 학과** 가정복지학과, 도시사회학과, 문화인류학과, 사회복지학과, 사회학과, 아동청소년학과, 인류학과, 정보사회학과, 행정학과 등

◉ 사회교과 – 고전과 윤리

선택(진로) 고전과 윤리
생활 세계에서 발생하는 문제들을 동·서양의 고전들과 직접 마주하게 함으로써 '삶의 의미' 또는 '더 나은 삶'에 대해 도덕적으로 탐구하고 성찰하는 기회를 가지며, 도덕적 가치관과 판단력, 그리고 도덕적 상상력을 함양하고, 도덕적 앎을 행동으로 옮길 수 있는 실천 동기와 능력을 기르기 위한 과목임.

목표

- 생활 세계에서 발생하는 문제들을 동·서양의 고전들과 직접 마주하게 함으로써 '삶의 의미' 또는 '더 나은 삶'에 대해 도덕적으로 탐구하고 성찰하는 기회를 갖는다. 이 과정을 통해 도덕적 가치관과 판단력, 그리고 도덕적 상상력을 함양하고, 도덕적 앎을 행동으로 옮길 수 있는 실천 동기와 능력을 기른다.

내용 체계

영역	핵심 가치	내용 요소
자신과의 관계	• 성실 • 배려 • 정의 • 책임	• 격몽요결 • 수심결 • 윤리형이상학 정초
타인과의 관계		• 니코마코스 윤리학 • 논어 • 금강경
사회·공동체와의 관계		• 국가 • 목민심서 • 정의론
자연·초월과의 관계		• 공리주의 • 동물해방 • 노자 • 장자 • 신약 • 꾸란

과목 관련 정보

관련 과목 및 위계			관련 직업
공통	일반 선택	진로 선택	도덕(윤리) 교사, 방송작가, 소설가, 신문기자, 인문과학연구원, 언론사, 시민사회단체, 비정부기구, 국세기구, 환경단체 등
통합사회	한국지리 세계지리 세계사 동아시아사 경제 정치와 법 사회·문화 생활과 윤리 윤리와 사상	여행지리 사회문제 탐구 **고전과 윤리**	**관련 학과** 도덕윤리학과, 동양철학과, 불교학과, 윤리교육과, 정치학과, 종교철학전공, 종교학과, 철학과, 철학상담심리학과, 한문학과 등

◉ 과학교과 - 물리학 Ⅱ

선택(진로) 물리학 II
과학기술과 관련된 분야의 진로를 선택하는 학생을 대상으로 하며, '물리학Ⅰ'에서 학습한 개념을 기초로 심화된 물리 개념과 다양한 탐구 방법을 적용하여 물리 현상과 관련된 기본적인 문제를 해결하는 능력을 기르기 위한 과목임.

목표

- 자연 현상에 대한 호기심과 흥미를 갖고, 문제를 과학적으로 해결하려는 태도를 기른다.
- 자연과 일상생활의 문제를 과학적으로 탐구하는 능력을 기른다.
- 자연 현상을 탐구하여 물리학의 핵심 개념을 정량적으로 이해한다.
- 물리학과 기술 및 사회의 상호 관계를 인식하고, 이를 바탕으로 민주 시민으로서의 소양을 기른다.
- 물리학 학습의 즐거움과 과학의 유용성을 인식하여 평생 학습 능력을 기른다.

내용 체계

영역	핵심 개념	내용 요소	
힘과 운동	• 시공간과 운동 • 힘	• 등가 원리 • 가속좌표계 • 단진자 운동, 천체의 운동	• 중력 렌즈 효과, 블랙홀 • 등가속도 운동, 포물선 운동 • 힘의 합성과 분해, 물체의 평형
전기와 자기	• 전기 • 자기	• 전하와 전기장, 전기력선 • 전기 저항 • 유도 기전력	• 정전기 유도, 유전 분극 • 전류에 의한 자기장, 자기력 선
열과 에너지	• 에너지 전환	• 열의 일당량	
파동	• 파동의 성질	• 파동의 굴절과 간섭	• 전자기파
현대 물리	• 빛과 물질의 이중성 • 미시 세계의 운동	• 빛의 입자성, 입자의 파동성 • 불확정성의 원리	

과목 관련 정보

관련 과목 및 위계	관련 직업
공통: 통합과학, 과학 탐구 실험 일반 선택: 물리학Ⅰ, 화학Ⅰ, 생명과학Ⅰ, 지구과학Ⅰ 진로 선택: **물리학Ⅱ**, 화학Ⅱ, 생명과학Ⅱ, 지구과학Ⅱ, 과학사, 생활과 과학, 융합과학	물리연구원, 물리교사, 기계공학자, 전자공학자 등

관련 인증 및 자격증	관련 학과
과학(물리)교사자격증 등	물리학과, 물리교육과, 기계공학과, 전자공학과 등 공학계열 모든 학과와 관련됨.

⊙ 과학교과 – 화학Ⅱ

선택(진로) 화학Ⅱ
'화학Ⅰ'에서 다루는 개념을 기초로 심화된 화학 개념과 다양한 탐구 방법을 학습하고 현대 지식 기반 사회의 민주 시민으로서 화학에 대한 기초 전문 지식을 갖추기 위한 과목임.

목표

- 물질 현상에 대한 호기심과 흥미를 가지고, 과학적으로 생각하고 판단하는 태도를 기른다.
- 자연 현상 및 일상생활의 문제를 과학적으로 탐구하는 능력을 기른다.
- 자연 현상 및 일상생활을 탐구하여 화학의 핵심 개념을 이해한다.
- 과학과 기술 및 사회의 상호 관계를 인식하고, 이를 바탕으로 민주 시민으로서의 소양을 기른다.
- 화학 학습의 즐거움과 화학의 유용성을 인식하여 평생 학습 능력을 기른다.

내용 체계

영역	핵심 개념	내용 요소	
물질의 성질	• 물질의 상태	• 고체의 결정 구조 • 용액의 농도 • 샤를 법칙 • 이상 기체 방정식 • 분자 간 상호 작용	• 보일 법칙 • 분압 • 액체의 성질 • 묽은 용액의 총괄성 • 아보가드로 법칙

물질의 변화	• 화학 반응 • 에너지 출입	• 화학 평형 • 르샤틀리에 원리 • 상평형 그림 • 이온화 상수 • 염의 가수 분해 • 완충 용액 • 촉매 • 반응 속도 • 반응 속도식 • 반감기	• 반응 속도에 영향을 미치는 요인 • 활성화 에너지 • 효소 • 엔탈피 • 열화학 반응식 • 헤스 법칙 • 화학 전지 • 전기 분해 • 수소 연료 전지

과목 관련 정보

관련 과목 및 위계	관련 직업
공통: 통합과학, 과학 탐구 실험 **일반 선택**: 물리학Ⅰ, 화학Ⅰ, 생명과학Ⅰ, 지구과학Ⅰ **진로 선택**: 물리학Ⅱ, **화학Ⅱ**, 생명과학Ⅱ, 지구과학Ⅱ, 과학사, 생활과 과학, 융합과학	고무 및 플라스틱공학연구원, 도료·농약품화학연구원, 비누·화장품공학연구원, 석유화학기술자, 수질분석사, 신약개발연구원, 에너지연구원, 제약연구원, 조향사, 중등 교사, 화학공학연구원, 화학연구원, 화학제품제조원 등

관련 인증 및 자격증	관련 학과
공업화학기사, 수질환경기사, 토양환경기사, 폐기물처리기사, 화공기사, 화약류제조기사, 화학분석기사 등	고분자공학과, 공업화학과, 나노화학과, 나노화학공학과, 바이오나노화학부, 바이오화학공학과, 응용화학과, 생명나노화학과, 생명환경화학과, 생명화학공학과, 생화학과, 에너지화학공학과, 응용화학공학부, 의생명화학부, 정밀화학과, 제약공학부, 화공생명공학과, 화학공학과, 환경생명화학공학과, 화장품과학과, 화학과, 화학교육과, 화학신소재학과 등

⊙ 과학교과 - 생명과학Ⅱ

선택(진로) 생명과학II
생명과학의 핵심 개념의 이해를 바탕으로 학문적 호기심과 흥미를 제고하고, 진로 선택 과목으로서 관련 전공으로 진학하는데 필요한 기초 소양을 함양하는 과목임.

목표

- 생명 현상에 대한 호기심과 흥미를 갖고, 문제를 과학적으로 해결하려는 태도를 기른다.
- 생명 현상과 일상생활의 문제를 과학적으로 탐구하는 능력을 기른다.
- 생명 현상을 탐구하여 생명과학의 핵심 개념을 이해한다.
- 생명과학과 기술 및 사회의 상호 관계를 인식하고, 이를 바탕으로 민주 시민으로서의 소양을 기른다.
- 생명과학 학습의 즐거움과 과학의 유용성을 인식하여 평생 학습 능력을 기른다.

내용 체계

영역	핵심 개념	내용 요소	
생명과학과 인간의 생활	• 생명과학의 특성과 발달과정	• 생명과학의 발달 과정	• 생명과학의 연구 방법
	• 생명 공학기술	• 생명공학 기술의 원리와 사례 • 생명공학 기술의 영향	• 생명 윤리
생물의 구조와 에너지	• 생명의 화학적 기초	• 탄수화물 • 지질 • 단백질 • 핵산	• 효소의 작용 • 활성화 에너지 • 기질 특이성
	• 생명의 구성 단위	• 생명체의 유기적 구성 • 세포 소기관의 유기적 관계	• 원핵세포와 진핵세포의 차이 • 물질 수송
	• 광합성과 호흡	• 엽록체의 구조와 기능 • 미토콘드리아 • 산소 호흡과 발효 • 광계를 통한 명반응	• 산화적 인산화 • 전자 전달계 • 광합성의 탄소 고정 반응 • 화학 삼투
생명의 연속성	• 생식	• 유전자 발현과 발생	

생명의 연속성	• 유전	• 유전체 구성과 유전자 구조 • 유전자 발현과 조절 • 반보존적 DNA복제	• 원핵세포와 진핵세포의 전사 조절 • 전사와 번역
	• 진화와 다양성	• 막 형성의 중요성 • 종 분화 • 단세포에서 다세포로의 진화 • 동물과 식물의 분류 체계	• 진화의 증거와 원리 • 3역 6계 • 생물 계통수

과목 관련 정보

관련 과목 및 위계	관련 직업
공통: 통합과학, 과학 탐구 실험 **일반 선택**: 물리학Ⅰ, 화학Ⅰ, 생명과학Ⅰ, 지구과학Ⅰ **진로 선택**: 물리학Ⅱ, 화학Ⅱ, **생명과학Ⅱ**, 지구과학Ⅱ, 과학사, 생활과 과학, 융합과학	나노공학기술자, 바이오에너지연구 및 개발자, 변리사, 보건위생 및 환경검사원, 생명과학시험원, 생명정보학자, 생물학연구원, 수산학연구원, 식품공학기술자, 약학연구원, 의약품영업원, 의학연구원, 재료공학기술자, 친환경제품인증심사원, 환경공학기술자, 환경영향평가원 등

관련 인증 및 자격증	관련 학과
대기환경기사, 생물공학기사, 생물분류기사, 수산질병관리사, 수질환경기사, 식물보호 기사, 식품기사, 임상병리기사, 자연생태복원기사, 종자기사, 폐기물처리기사 등	생명과학과, 생명공학과, 생명자원학과, 생물교육과, 생물학과, 생화학과, 식품공학과, 식품과학과, 약학과, 원예학과, 유전공학과, 융합생명특성학과, 응용미생물학전공, 응용생물과학과, 의생명시스템학부, 의학과, 임상병리학과, 화학생명공학과 등

⊙ 과학교과 – 지구과학Ⅱ

선택(진로) 지구과학Ⅱ
학생의 경험과 관련된 주제를 중심으로 지구과학에 대한 흥미와 관심을 유발하여 지구과학의 기본 개념을 지도하고, 지구과학자의 탐구 과정인 관찰, 실험, 조사, 토론 및 토의, 답사 등 다양한 활동을 통하여 탐구 능력 및 창의성을 기르게 함.

목표

- 지구와 우주의 소중함과 아름다움을 인식하고, 흥미와 호기심을 가지고, 지구와 우주에 관한 문제를 과학적으로 해결하고 지속적으로 탐구하려는 태도를 기른다.
- 지구와 우주를 과학적으로 탐구하는 능력을 기르고, 지구과학과 관련된 지구적 및 일상생활의 문제를 과학적으로 탐구하고 해결하는 능력을 기른다.
- 지구와 우주에 관한 지구과학의 핵심 개념을 체계적으로 이해한다.
- 과학·기술·사회의 상호 관계를 인식하고, 이를 바탕으로 민주 시민으로서의 소양을 기른다.
- 지구과학 학습의 즐거움과 지구과학의 유용성을 인식하며 평생 학습 능력을 기른다.

내용 체계

영역	핵심 개념	내용 요소	
고체지구	• 지구계와 역장 • 판구조론 • 지구 구성 물질	• 원시 지구의 형성, 지구 내부 에너지 • 지진파, 지구 내부 구조 • 지구 중력 분포, 지구 자기장 • 지질도의 기본 요소	• 한반도의 지사, 한반도의 판구조 환경 •규산염 광물, 광물 식별 • 암석의 조직, 광상, 자원 탐사 • 지구의 자원, 변성암
대기와 해양	• 해수의 성질과 순환 • 대기의 운동과 순환	• 정역학 평형, 지형류 • 천해파와 심해파 • 조석, 해일, 쓰나미	• 단열 변화, 편서풍 파동 • 대기 안정도, 대기의 정역학 • 지균풍, 경도풍, 지상풍
우주	• 태양계의 구성과 운동 • 별의 특성과 진화 • 우주의 구조와 진화	• 좌표계, 우주관의 변천 • 케플러의 세가지 법칙 • 천체의 거리, 쌍성계의 질량	• 우리 은하의 구조, 우리 은하의 질량 분포 • 성간 물질

과목 관련 정보

관련 과목 및 위계			관련 직업
공통	일반 선택	진로 선택	지구과학교사, 환경연구원, 대기과학자, 천문학자, 기상연구원 등
통합과학 과학 탐구 실험	물리학Ⅰ, 화학Ⅰ 생명과학Ⅰ, 지구과학Ⅰ	물리학Ⅱ, 화학Ⅱ, 생명과학Ⅱ, **지구과학Ⅱ**, 과학사, 생활과 과학, 융합과학	

관련 인증 및 자격증	관련 학과
과학(지구과학)교사 자격증 등	지구과학교육과, 지질학과, 환경공학과, 천문학과, 대기과학과, 해양학과 등

⦿ 과학교과 - 과학사

선택(진로) 과학사
일반계 고등학교나 과학 계열 고등학교에서 과학에 흥미와 관심이 있는 학생을 대상으로 하며, 과학사를 학습함으로써 과학의 본성 및 사회적 특성을 이해하기 위한 과목임.

목표

- 서양 과학 및 동양 과학이 역사적으로 발달되어 온 과정을 이해한다.
- 과학 지식 및 과학 탐구의 본성을 이해한다.
- 과학이 인류에 미치는 영향을 이해하고, 올바른 과학자상을 정립한다.

내용 체계

영역	핵심 개념	내용 요소	
과학이란 무엇인가?	• 과학의 본성 • 과학에 대한 철학적 접근 • 과학에 대한 역사적 접근	• 과학과 자연의 관계 • 과학의 객관성 • 베이컨의 귀납 주의	• 포퍼의 반증 주의 • 쿤의 과학 혁명 • 내적 접근과 외적 접근
물질의 변화	• 고대 및 중세의 과학 • 과학 혁명 • 근대의 과학 • 현대의 과학	• 고대의 서양 과학 • 이슬람 및 중세의 서양 과학 • 르네상스와 과학 혁명 • 천문학의 혁명 • 갈릴레이의 과학 • 뉴턴의 고전 역학 혁명 • 과학 혁명의 사회적 영향 • 근대의 화학 혁명 • 현대 지구과학의 발전	• 생물학 혁명 • 열역학의 태동 • 빛의 본질에 대한 광학 연구 • 전자기학의 성립 • 지질학의 성립 • 상대성 이론과 양자 역학 • 현대 화학의 발전 • 생물학에서의 유전 연구
물질의 변화	• 동양 과학사 • 한국 과학사	• 동양의 전통 과학 • 동양의 근대 과학	• 한국의 전통 및 근대 과학 • 현대 과학과 한국
물질의 변화	• 과학과 사회의 관계	• 과학과 다른 영역(윤리, 종교, 정치, 문화 등)과의 관계 • 과학·기술·사회	

과목 관련 정보

관련 과목 및 위계			관련 직업
공통	일반 선택	진로 선택	지구과학교사, 환경연구원, 대기과학자, 천문학자, 기상연구원 등
통합과학 과학 탐구 실험	물리학Ⅰ, 화학Ⅰ 생명과학Ⅰ, 지구과학Ⅰ	물리학Ⅱ, 화학Ⅱ, 생명과학Ⅱ, 지구과학Ⅱ, **과학사**, 생활과 과학, 융합과학	

관련 인증 및 자격증	관련 학과
과학 교사자격증 등	자연과학계열 전 학과

⦿ 과학교과 – 생활과 과학

선택(진로) 생활과 과학
'통합과학'과 '과학탐구실험'을 이수한 학생이 생활 속에서 과학적 원리가 삶의 질 향상에 어떻게 기여하는지를 이해하고 어떤 가치를 가지며, 나아가 과학적 원리를 실생활에 적용하는 능력 및 합리적으로 선택하는 능력을 함양하기 위한 과목임.

목표

- 생활 속의 과학적 원리 및 활용에 대한 호기심과 흥미를 가지고, 과학적으로 생각하고 판단하는 태도를 기른다.
- 자연 현상 및 일상생활의 문제를 과학적으로 탐구하는 능력을 기른다.
- 자연 현상 및 일상생활을 탐구하여 과학의 핵심 개념을 이해한다.
- 과학과 기술 및 사회의 상호 관계를 인식하고, 이를 바탕으로 민주 시민으로서의 소양을 기른다.
- 과학 학습의 즐거움과 과학의 유용성을 인식하여 평생 학습 능력을 기른다.

내용 체계

영역	핵심 개념	내용 요소		
건강한 생활	• 건강 • 식품	• 질병, 의약품, 위생, 예방 접종, 진단, 치료 등과 관련된 과학 원리 • 과학이 인류 건강에 미친 영향 • 약품 분리수거	• 식품 재료 • 첨가제 • 건강한 신체와 과학 • 건강과 약물 오남용 • 영양소 등에 포함된 과학 원리	• 보존 방법 • 합리적 식품 선택 • 식품과 환경 오염원 • 과학과 인류 식생활에 미친 영향

아름다운 생활	• 미용 • 의복	• 샴푸, 세안제, 화장품, 염색, 파마 등에 포함된 과학 원리 • 안전을 위한 의복 • 과학이 의복의 발달에 미친 영향	• 아름다움 및 미용의 가치 이해 • 현명한 미용 제품 선택 • 화장품 개발과 윤리 • 의복의 소재, 기능 등에 관련된 과학원리	• 쾌적성, 편안함, 아름다움, 기능 등을 고려한 합리적 선택
편리한 생활	• 건축 • 교통	• 초고층 건물, 경기장, 음악 공연장, 지붕, 다리 구조 등 건축물에 관련된 과학 원리 • 생태계와 건축 • 안전사고와 대처 방안 • 질서와 교통사고 예방	• 인간의 외부 환경, 건물의 기능, 안전 등 건축을 위한 고려사항 • 자동차, 기차, 선박, 비행기, 신호등, GPS 등에 관련된 과학 원리	• 편리함과 건강함, 탄소 마일리지, 에너지 절약 • 과학이 교통수단 발달에 미친 영향
문화 생활	• 스포츠 • 미술, 음악 • 종합 예술	• 스포츠, 음악, 미술 등과 관련된 과학 원리 • 안전사고와 대처 방안 • 안전, 보안 유지, 표절, 자료/정보 유출 및 도난 방지	• 과학과 문화의 상호 작용(과학의 발달이 스포츠, 미술, 음악 등에 미친 영향) • 문화 속 과학 논쟁 거리 • 생태계와 건축 • 과학과 창의성, 그리고 예술	• 즐거운 삶과 건강한 생활 • 공연, 영화, 미디어 아트 등과 관련된 과학 원리 • 과학과 신직업 창출, 과학을 통한 직업 영역의 지평 확대

과목 관련 정보

관련 과목 및 위계	관련 직업
공통: 통합과학, 과학 탐구 실험 **일반 선택**: 물리학Ⅰ, 화학Ⅰ, 생명과학Ⅰ, 지구과학Ⅰ **진로 선택**: 물리학Ⅱ, 화학Ⅱ, 생명과학Ⅱ, 지구과학Ⅱ, 과학사, **생활과 과학**, 융합과학	간호사, 건강관리사, 건축사, 안전공학자, 약사, 영양사, 임상병리사 등

관련 인증 및 자격증	관련 학과
섬유기사, 식품기사, 조리산업기사, 스포츠경영관리사 등	가정학과, 건강관리학과, 건축학과, 공업디자인학과, 교통공학과, 보건관리학과, 섬유공학과, 식품공학과, 안전공학과, 약학부, 예술학과, 의상학과, 임상병리학과, 전통예술과, 화장품과학과, 화학과 등

⊙ 과학교과 - 융합과학

선택(진로) 융합과학
우리 주위의 물질세계에서 출발하여 자연 전체를 포괄적이고 체계적으로 이해하는 것을 목표로 함. 자연을 총체적으로 바라보고 여러 자연현상들을 연결해주는 기본 원리에 대한 이해와 적용을 토대로 미래 과학기술 사회의 구성원으로서 반드시 갖추어야 할 과학적 소양과 더불어 창의성과 인성을 함양하기 위한 과목임.

목표

- 자연 현상과 과학 학습에 대한 흥미와 호기심을 기르고, 일상생활의 문제를 과학적으로 해결하려는 태도를 함양한다.
- 자연을 과학적으로 탐구하는 능력을 기르고, 과학 지식과 기술이 형성되고 발전하는 과정을 이해한다.
- 우주와 생명, 그리고 현대 문명과 사회를 이해하는데 필요한 과학 개념을 통합적으로 이해한다.
- 과학·기술·사회의 상호 관계를 인식하고, 이를 바탕으로 민주 시민으로서의 소양을 기른다.
- 과학 학습의 즐거움과 과학의 유용성을 인식하여 평생 학습 능력을 기른다.

내용 체계

영역	핵심 개념	내용 요소		
우주의 기원과 진화	• 우주의 기원 • 빅뱅과 기본 입자 • 원자의 형성 • 별과 은하	• 중성자 • 원자핵의 형성 • 수소와 헬륨원자 • 우주 배경 복사 • 우주의 팽창 • 허블 법칙	• 선스펙트럼 • 우주의 나이 • 기본 입자 • 양성자 • 별의 탄생과 진화 • 무거운 원소의 합성	• 은하의 구조 • 성간 화합물 • 공유 결합 • 반응 속도
태양계와 지구	• 태양계의 형성 • 태양계의 역학 • 행성의 대기 • 지구	• 태양계 형성 과정 • 태양 에너지 • 지구형 행성 • 목성형 행성 • 케플러의 법칙 • 뉴턴의 운동법칙	• 행성의 운동 • 자전 • 공전 • 지구와 달의 운동 • 탈출 속도 • 행성 대기의 차이	• 지구의 진화 • 분자 구조와 성질 • 지구의 원소 분포 • 지구계
생명의 진화	• 생명의 탄생 • 생명의 진화 • 생명의 연속성	• 원시 지구 • 화학 반응과 화학적 진화 • 탄소 화합물 • DNA	• 원시 생명체의 탄생 • 광합성과 대기의 산소 • 화석 • 지질 시대	• 유전자와 염색체 • 유전 암호 • 세포 분열 • 유전자의 복제와 분배

		• 생명의 기본 요소 • 단백질 • 세포막의 구조	• 원핵 세포 • 진핵 세포 • 생물다양성	• 생식을 통한 유전자 전달
정보 통신과 신소재	• 정보의 발생과 처리 • 정보의 저장과 활용 • 반도체와 신소재 • 광물 자원	• 정보의 발생 • 센서 • 탐사 • 정보 처리의 응용	• 반도체 특성 • 반도체 소자 • 디지털 정보처리 • 저장 매체	• 디스플레이 • 고분자 소재 • 광물의 유형 • 생성과정
인류의 건강과 과학기술	• 식량 자원 • 과학적 건강관리 • 첨단과학과 질병치료	• 육종 • 비료 • 식품 안전 • 생태계와 생물다양성 • 물질대사	• 영양 • 질병과 면역 • 물의 소독 • 세제 • 첨단 영상 진단	• 천연 및 합성 의약품 • 건강검진 • 암의 발생과 진단 • 치료
에너지와 환경	• 에너지와 문명 • 탄소 순환과 기후 변화 • 에너지 문제와 미래	• 에너지의 종류 • 보존 • 전환 • 에너지 보존 법칙 • 신재생 에너지 • 핵에너지	• 지속가능 발전과 에너지 • 화석 연료 • 에너지 자원의 생성과 고갈 • 탄소 순환	• 에너지 효율 • 지구 에너지의 균형 • 온실 효과와 기후 변화 • 광합성과 이산화탄소의 환원

과목 관련 정보

관련 과목 및 위계	관련 직업
공통: 통합과학, 과학 탐구 실험 **일반 선택**: 물리학 I, 화학 I, 생명과학 I, 지구과학 I **진로 선택**: 물리학II, 화학II, 생명과학II, 지구과학II, 과학사, 생활과 과학, **융합과학**	과학교사, 대기과학자, 소프트웨어공학자, 에너지공학자, 우주과학자, 정보통신공학자, 지구물리학자, 천문학자 등

관련 인증 및 자격증	관련 학과
정보관리기술사, 정보처리기사, 에너지관리기사 등	과학교육과, 대기과학과, 반도체학과, 소프트웨어공학과, 신소재공학과, 신재생에너지과, 우주과학과, 에너지자원공학과, 의료정보공학과, 정보통신공학과, 지구과학교육과, 지구물리학과, 천문학과 등

출처 : 학생선택형 교육과정 과목안내서

[부록 3] 학교생활기록부 관련 WORKSHEET

1) 학생부종합전형 평가세부내용(학업역량 / 전공적합성)

구분		평가 세부내용	평가		
			우수	보통	미흡
학업 역량	학업 성취도	• 전체적인 교과성적은 다른 지원자들에 비해 어느 정도인가? • 학기별/학년별 성적은 고르게 유지되고 있는가? • 학기별/학년별 성적은 상승/하락하고 있는가? • 대학 수학에 필요한 기본 과목(예: 국어, 수학, 영어, 사회/과학 등) 성적은 어느 정도인가? 그 외 과목 성적은 전반적으로 무난한가? 유난히 소홀함을 보인 과목은 없는가? • 희망 전공과 관련된 기본 과목은 어느 정도 이수했는가? • 희망 전공과 관련된 과목과 다른 과목의 성적 차이는 어느 정도인가? • 과목별 이수자 수의 규모는 어느 정도인가? • 과목별 등급 외에 원점수(평균/표준편차 포함)는 적절한가?			
	학업 태도와 학업의지	• 새로운 지식을 획득하기 위해 자기주도적인 태도로 노력하고 있는가? • 자발적인 성취동기와 목표의식을 가지고 넓고 깊게 학습하려는 의지와 열정이 있는가? • 교과활동을 통해 지식의 폭을 확장하고 새로운 것을 창출하려는 노력을 하고 있는가? • 교과 수업에서 적극적이고 집중력이 있으며 스스로 참여하고 이해하려는 태도와 열정을 보이는가?			
	탐구활동	• 교과에서 이루어지고 있는 탐구활동에 적극적으로 참여하고 있는가? • 각종 교과 탐구활동을 통해 창의적인 결과물을 산출하고 있는가? • 탐구활동에서 표출되는 학문에 대한 열의와 지적 관심을 가지고 있는가? • 성공적인 학업생활을 위해 적극적인 탐구 의지와 호기심을 가지고 있는가?			

전공적 합성	전공 관련 교과목 이수 및 성취도	• 지원 전공(계열)과 관련된 과목을 어느 정도 이수하였는가? • 지원 전공(계열)과 관련해 스스로 선택하여 수강한 과목은 얼마나 되는가? • 지원 전공(계열)과 관련된 교과 성적이 우수한가?(이수단위, 수강자수, 원점수, 평균, 표준편차 참고)			
	전공에 대한 관심과 이해	• 지원 전공에 대한 흥미와 관심을 가지고 있는가? • 지원 전공에 대해 올바르게 이해하고 있는가? • 자신의 경험과 지원 전공의 연관성을 설명할 수 있는가?			
	전공 관련 활동과 경험	• 지원 전공에 관련된 교과 관련 활동(세부능력 및 특기사항, 수상 등)이 있는가? • 지원 전공에 관련된 창의적 체험활동(자율, 동아리, 봉사, 진로)이 있는가? • 지원 전공에 관련된 독서가 있는가, 적절한 수준인가?			

2) 학생부종합전형 평가세부내용(인성 / 발전가능성)

구분		평가 세부내용	평가		
			우수	보통	미흡
인성	협업능력	• 자발적인 협력을 통하여 공동의 과제를 완성한 경험이 자주 나타나는가? • 협력이 부족한 상황에서 사람들을 설득하여 협동을 이끌어낸 경험을 가지고 있는가? • 공동과제나 단체활동을 즐겨하고, 구성원들로부터 좋은 동료로 인정받고 있는가?			
	나눔과 배려	• 타인을 위하여 자신의 것을 나누고자 한 구체적 경험이 지속적으로 나타나는가? • 봉사활동 등을 통하여 나눔을 생활화하고자 하는 경험이 지속적으로 나타나는가? • 나와 다른 생각을 가진 상대방의 입장을 이해하고 존중하는 노력을 기울이고 있는가? • 학교생활에서 타인을 배려한 본보기로 언급되거나 모범이 된 사례가 있는가?			
	소통능력	• 공동과제 수행이나 모둠활동, 단체활동 등에서 타인의 의견을 경청하고, 상대방의 관심사항과 요구를 공감적으로 이해하고 있는가? • 수업이나 교과 외 활동 등에서 자신의 의견을 효과적으로 표현하고 있는가? • 자신의 생각이나 의견을 논리적, 체계적으로 기술하는 경험이 나타나는가? • 새로운 지식이나 사고방식에 대하여 열린 마음으로 적극적으로 받아들이고 있는가?			
	도덕성	• 자신이 속한 집단이 정한 규칙과 규정을 준수하고, 자신에게 불리한 경우라 하더라도 이를 지키기 위하여 노력하고 있는가? • 자신이 속한 구성원들에게 인정과 신뢰를 얻고 있으며, 바람직한 행동으로 모범이 되는가? • 규칙이나 규정을 어긴 경우, 자신의 잘못을 인정하고 개선하려는 노력을 기울이는가?			

인성	성실성	• 학업활동에 있어 지속적인 노력을 통하여 꾸준함을 보여주고 있는가? • 자신의 관심 분야나 진로와 관련한 활동을 지속적으로 수행한 경험이 있는가? • 어려운 상황이 발생하여도 일관된 모습으로 최선의 노력을 기울이는 경험이 있는가? • 출결상황이나 단체활동 참여 등 학생으로서 당연히 해야 하는 의무를 책임감 있게 수행하고 있는가?			
발전 가능성	자기 주도성	• 교내 다양한 활동에서 주도적, 적극적으로 활동을 수행하는가? • 새로운 과제를 주도적으로 만들고 성과를 내었는가? • 기존에 경험한 내용을 바탕으로 스스로 외연을 확장하려고 노력하였는가?			
	경험의 다양성	• 자율, 동아리, 봉사, 진로활동 등 체험활동을 통해 다양한 경험을 쌓았는가? • 독서활동을 통해 다양한 영역에서 지식과 문화적 소양을 쌓았는가? • 예체능 영역에서 적극적이고 성실하게 참여하였는가? • 자신의 목표를 위해 도전한 경험을 통해 성취한 적이 있는가?			
	리더십	• 학생회, 동아리 등 학생 주도 활동에서 역할을 수행한 경험이 있는가? • 구성원의 화합과 단결을 이끌어가기 위한 구체적인 행동 경험이 있는가? • 공동체의 목표를 달성하기 위해 계획하고 실행을 주도한 경험이 있는가?			
	창의적 문제 해결력	• 교내활동 과정에서 창의적인 발상을 통해 일을 진행한 경험이 있는가? • 교내활동 과정에서 나타나는 문제점을 적극적으로 해결하기 위해 노력하였는가? • 주어진 교육환경을 극복하거나 충분히 활용한 경험이 있는가?			

3) 수상 / 교내대회 참가 소감문 양식

참가 대회		참가 날짜	년 월 일
활동 내용			
참가 동기			
맡은 역할			
활동 내용			
수상 이유			
배우고 느낀 점			

4) 자율활동 소감문 양식

활동명		활동 날짜	
활동 내용			
활동 동기			
활동 역할			
활동 내용			
활동 결과			
배우고 느낀 점			

5) 동아리활동 소감문 양식

활동명		활동 기간	
활동 내용			
활동 동기			
활동 역할			
활동 내용			
활동 결과			
배우고 느낀 점			

6) 자율동아리 등록 신청서 양식

<table>
<tr><td rowspan="3">동아리
개 요</td><td>동아리명</td><td></td><td>학술문화분야 (　)
예술체육분야 (　)
봉사분야 (　)</td><td>지도교사</td><td>(서명)</td></tr>
<tr><td rowspan="2">활동시간</td><td colspan="4">매주 ( )요일 / 어느 때 (　　　　)</td></tr>
<tr><td colspan="2">( )시간씩 / 총( )시간 / 연간 총( )회</td><td>장 소</td><td></td></tr>
<tr><td rowspan="3">동아리
소 개</td><td>활동주제</td><td colspan="4"></td></tr>
<tr><td>활동목적</td><td colspan="4"></td></tr>
<tr><td>주요활동
활동방법</td><td colspan="4">1. 독서를 통해 5개의 시선으로 생각하고 발표하여 각자 진로를 바탕으로 토론함.
2. 토론 활동 후 직접 진로 체험으로 해보고 면담을 하며 알아보는 활동을 함.
3. 진로와 관련된 봉사활동을 2달에 한 번씩 함.
4. 방학에는 동아리원들과 심화 실험캠프에 참여하여 사고력을 배양함.</td></tr>
</table>

<table>
<tr><td rowspan="3">동아리
임 원</td><td></td><td>부장(회장)</td><td>차장(부회장)</td><td>총 무</td></tr>
<tr><td>성명</td><td></td><td></td><td></td></tr>
<tr><td>학년반</td><td></td><td></td><td></td></tr>
</table>

<table>
<tr><td rowspan="2">모집
결과</td><td>1학년</td><td>2학년</td><td>3학년</td><td>총회원수</td><td>모집 방법(√)</td></tr>
<tr><td>명</td><td>명</td><td>명</td><td>명</td><td>□오디션 □희망자</td></tr>
</table>

- 회원명부

연번	학번	성명	역할분담
1			
2			
3			
4			
5			
6			
7			
8			
9			
10			
11			
12			
13			
14			
15			
16			
17			
18			
19			
20			

(　　)부 활동 계획

월	주	활동 주제	활동 내용
4월	1주	오리엔테이션	대면식, 역할 분담, 연간 활동계획 수정 및 협의, 책 선정
	3주	주제 발표 및 토론	각자 자신이 관심 있는 분야의 책을 선정하여 주제 발표
5월	1주	주제 발표 및 토론	각자 자신이 관심 있는 분야의 책을 선정하여 주제 발표
	3주	주제 발표 및 토론 소논문 주제 정하기	각자 자신이 관심 있는 분야의 책을 선정하여 주제 발표 자신의 진로분야에 대한 탐구활동 주제 정하기
6월	1주	주제 발표 및 토론	각자 자신이 관심 있는 분야의 책을 선정하여 주제 발표
	3주	주제 발표 및 토론	각자 자신이 관심 있는 분야의 책을 선정하여 주제 발표
7월	1주	주제 발표 및 토론	각자 자신이 관심 있는 분야의 책을 선정하여 주제 발표
	3주	진로 관련 봉사활동 소논문 중간 보고활동	서로 돌아가며 자신의 진로에 맞는 봉사활동을 감. 자신의 진로분야에 대한 탐구활동 중간 발표하기
8월	방학 중 계획	진로 관련 체험활동 진로 관련 봉사활동	대학탐방(교수 면담 및 선배와의 만남)과 다양한 진로체험, 서로 돌아가며 자신의 진로에 맞는 봉사활동을 감.
9월	1주	주제 발표 및 토론	각자 자신이 관심 있는 분야의 책을 선정하여 주제 발표
	3주	주제 발표 및 토론	각자 자신이 관심 있는 분야의 책을 선정하여 주제 발표
10월	1주	주제 발표 및 토론	각자 자신이 관심 있는 분야의 책을 선정하여 주제 발표
11월	1주	마라톤에 참여	동아리 부원들과 협동력을 위해 마라톤에 참여
	3주	동아리 발표대회 준비	동아리 발표대회 포트폴리오 준비, 보드판 제작.
12월	1주	주제 발표 및 토론	각자 자신이 관심 있는 분야의 책을 선정하여 주제 발표
	3주	반성 및 평가 소논문 주제 발표	동아리 자체 평가서 제출 소논문 탐구활동 주제 발표
1월	1주	주제 발표 및 토론 진로 관련 봉사활동	각자 자신이 관심 있는 분야의 책을 선정하여 주제 발표 서로 돌아가며 자신의 진로에 맞는 봉사활동을 감.
	3주	소논문 보완하기 진로 관련 봉사활동	소논문 탐구활동 추가 조사 및 탐구활동 서로 돌아가며 자신의 진로에 맞는 봉사활동을 감.

7) 탐구활동(과제연구) 계획서 양식

교과목		활동 기간	
탐구주제			
탐구선정 이유			
임무 분담			
탐구 기간			
탐구 목적			
이론적 배경			
가설			
탐구 방법			
결과 정리			
토론 및 느낀 점			
참고자료			

8) 봉사활동 소감문 양식

활동명		활동 날짜	
활동 장소		봉사 시간	
활동 내용			
활동 동기			
활동 역할			
기억에 남는 일			
배우고 느낀 점			

9) 진로활동 소감문 양식

<table>
<tr><td>활동명</td><td></td><td>활동 날짜</td><td></td></tr>
<tr><td>활동 장소</td><td colspan="3"></td></tr>
<tr><td colspan="4">활동 내용</td></tr>
<tr><td>활동 동기</td><td colspan="3"></td></tr>
<tr><td>활동 역할</td><td colspan="3"></td></tr>
<tr><td>활동 내용</td><td colspan="3"></td></tr>
<tr><td>활동 결과</td><td colspan="3"></td></tr>
<tr><td colspan="4">배우고 느낀 점</td></tr>
<tr><td colspan="4"></td></tr>
</table>

10) 자기평가서 양식(교과세특)

학번		이름	
과목명		활동 양식	발표 / 토론 / 질문
활동명		활동 일시	
활동 내용			
활동 동기			
활동 내용			
활동 결과			
배우고 느낀 점			
추후 심화활동			

11) 독서활동 소감문

도서명		독서 분야	
저자		출판사	
활동 내용			
읽게 된 동기			
인상 깊은 구절			
자신에게 영향을 준 내용			
궁금한 점 보완한 내용			

[부록 4] 학교생활기록부에 기재 가능한 자격증

소관 부처 (종목수)	자격종목	등급	자격관리자	공인유효기간	기 공인기간
금융 위원회 (8)	신용관리사	–	(사)신용정보협회	18.02.15~23.02.14	06.02.15~18.02.14
	신용위험분석사 (CRA)	–	(사)한국금융 연수원	18.02.15~20.02.14	06.02.15~18.02.14
	신용분석사	–	(사)한국금융 연수원	20.01.20.~24.12.31.	01.01.20.~15.01.19.
	여신심사역	–			
	자산관리사(FP)	–	(사)한국금융 연수원	16.01.05~21.01.04	05.01.05~16.01.04
	재경관리사		삼일회계법인	20.04.01.~23.03.31.	07.04.01.~15.03.31.
	회계관리	1·2급			
	AT (Accounting Technician)	TAT1급, TAT2급, FAT1급, FAT2급,	한국공인 회계사회	17.12.01~22.11.30	15.12.01~17.11.30
기획 재정부 (5)	국제금융역	–	(사)한국금융 연수원	18.01.20~20.01.19	01.01.20~18.01.19
	외환전문역	Ⅰ·Ⅱ종		15.12.01~20.11.30	10.12.01~15.11.30
	경제이해력검증시험 (TESAT)	S급 1·2·3급	한국경제신문사	18.11.10~20.11.09	10.11.10~18.11.09
	경제경영이해력인증 시험 매경TEST	최우수, 우수	매일경제신문사	18.12.22~21.12.21	10.12.22~18.12.21
	원가분석사	–	(사)한국원가관리 협회	20.01.01.~20.12.31.	14.01.01~16.12.31
과학기술 정보 통신부 (19)	e–Test Professionals	1·2·3·4급	(사)한국창의인성 교육연구원	19.02.17~23.02.16	01.01.12~19.02.16
	PC활용능력평가시험 (PCT)	A, B급	(주)피씨티	19.02.17~22.02.16	01.01.12~19.02.16

<table>
<tr><td rowspan="16">과학기술
정보
통신부
(19)</td><td>인터넷정보
관리사</td><td>전문가
1·2급</td><td rowspan="3">(사)한국정보통신
진흥협회</td><td>19.02.17~22.02.16</td><td>01.01.12~15.02.16</td></tr>
<tr><td>리눅스마스터</td><td>1·2급</td><td>19.01.15~23.01.14</td><td>05.01.15~19.01.14</td></tr>
<tr><td>디지털정보활용능력
(DIAT)</td><td>초·중·
고급</td><td>17.02.17~21.02.16</td><td>03.02.17~17.02.16</td></tr>
<tr><td>네트워크관리사</td><td>2급</td><td rowspan="2">(사)한국정보통신
자격협회</td><td>20.01.20.~24.01.19.</td><td>02.01.11~16.01.19</td></tr>
<tr><td>PC정비사</td><td>1·2급</td><td>19.01.15~22.01.14</td><td>05.01.15~19.01.14</td></tr>
<tr><td>정보기술자격
(ITQ시험)</td><td>A·B·C급</td><td>한국생산성본부</td><td>16.01.20~21.01.19</td><td>02.01.11~16.01.19</td></tr>
<tr><td>PC Master
(정비사)</td><td>–</td><td>(사)한국정보평가
협회</td><td>20.02.23.~23.02.22.</td><td>06.02.23~16.02.22</td></tr>
<tr><td>데이터아키텍처</td><td>전문가</td><td rowspan="2">(재)한국데이터
베이스진흥원</td><td>20.01.01.~23.12.31.</td><td>08.01.01~15.12.31</td></tr>
<tr><td>SQL자격</td><td>전문가
개발자</td><td>18.01.01~22.12.31</td><td>13.01.01~17.12.31.</td></tr>
<tr><td>ERP물류정보관리사
ERP생산정보관리사
ERP인사정보관리사
ERP회계정보관리사</td><td>1·2급</td><td>한국생산성본부</td><td>18.09.30~22.09.29</td><td>11.09.30~18.09.29</td></tr>
<tr><td>정보기술 프로젝트관리 전문가
(IT–PMP)</td><td>–</td><td>대한정보통신
기술(합)</td><td>17.09.30~21.09.29</td><td>11.09.30~17.09.29</td></tr>
<tr><td>RFID기술자격검정</td><td>RFID–GL,
RFID–SL</td><td>(사)한국사물
인터넷협회</td><td>19.01.01~22.12.31</td><td>13.01.01~18.12.31</td></tr>
<tr><td>상공회의소 IT+</td><td>레벨 1~5</td><td>대한상공회의소</td><td>19.01.01~21.12.31</td><td>15.01.01~18.12.31</td></tr>
<tr><td>데이터분석</td><td>전문가,
준전문가</td><td>(재)한국데이터
진흥원</td><td>18.01.01~22.12.31</td><td>16.01.01~17.12.31</td></tr>
<tr><td>교육부
(1)</td><td>브레인트레이너</td><td>–</td><td>국제뇌교육종합대
학원대학교</td><td>20.01.01.~21.12.31.</td><td>09.09.21~18.09.20</td></tr>
<tr><td>법무부
(1)</td><td>디지털포렌식전문가</td><td>2급</td><td>(사)한국포렌식
학회/한국인터넷
진흥원</td><td>17.12.17~22.12.16</td><td>12.12.17~17.12.16</td></tr>
<tr><td>행정
자치부
(1)</td><td>행정관리사</td><td>1·2·3급</td><td>(사)한국행정
관리협회</td><td>18.02.01~21.01.31</td><td>04.02.01~18.01.31</td></tr>
</table>

문화체육관광부 (6)	실천예절지도사	-	(사)범국민예의생활실천운동본부	19.02.17~22.02.16	15.02.17~19.02.16
	종이접기	마스터	(사)한국종이접기협회	20.01.01.~24.12.31.	06.02.27~16.02.26
	한국실용글쓰기검정	1·2·준 2·3·준3급	(사)한국국어능력평가협회	20.01.01.~21.12.31.	15.12.21~17.12.31
	국어능력인증시험	1·2·3·4·5급	(재)한국언어문화연구원	공인기간 만료	15.10.08~17.12.31
	KBS한국어능력시험	1·2+·2-·3+·3-·4급	KBS 한국방송공사	19.01.23~21.01.22	09.01.23~19.01.22
	소프트웨어자산관리사(C-SAM)	2급	(사)한국소프트웨어저작권협회	20.01.13.~23.01.12.	15.01.13~17.01.12
산업통상자원부 (8)	샵마스터	3급	(사)한국직업연구진흥원	20.01.01.~20.12.31.	04.01.17~18.01.16
	지역난방설비관리사	-	(사)한국에너지기술인협회	16.09.30~21.09.29	05.02.01~16.09.29
	CS Leaders(관리사)	-	(사)한국정보평가협회	18.01.07~21.01.06	09.01.09~18.01.06
	GTQ	1·2급	한국생산성본부	20.01.01.~24.12.31.	09.09.30~17.12.31
	빌딩경영관리사	-	(재)한국산업교육원	공인기간 만료	10.11.17~18.12.31
	시스템에어컨 설계시공관리사	-	(사)한국에이치백산업협회	15.11.29~20.11.28	11.11.29~15.11.28
	SMAT (서비스경영자격)	1급, 2급, 3급	한국생산성본부	19.01.01~21.12.31	15.01.01~18.12.31
	산업보안관리사	-	한국산업기술보호협회	19.01.01~21.12.31	17.01.01~18.12.31
식품의약품안전처 (1)	의료기기 RA 전문가	2급	한국의료기기안전정보원	19.01.01~23.12.31	-

보건 복지부 (3)	점역교정사	1·2·3급	(사)한국시각 장애인연합회	17.04.01~22.03.31	02.04.01~17.03.31
	병원행정사	–	(사)대한병원행정 관리자협회	17.02.01~22.01.31	12.02.01~17.01.31
	수화통역사	–	(사)한국농아인협 회	16.02.20~21.02.19	06.02.20~16.02.19
고용 노동부 (2)	문서실무사	1·2·3·4급	(사)한국정보관리 협회	공인기간 만료	17.02.09~18.02.08
	전산세무회계	전산세무 1·2급, 전산 회계 1·2급	한국세무사회	17.03.16~21.12.31	02.01.17~17.03.15
국토교통 (1)	자동차진단평가사	1·2급	(사)한국자동차진 단보증협회	16.11.24~19.11.23	10.11.24~16.11.23
경찰청(2)	열쇠관리사	1·2급	(사)한국열쇠협회	20.01.03.~23.01.02.	05.01.03~17.01.02
	도로교통사고감정사	–	도로교통공단	18.04.06~21.04.05	07.04.06~18.04.05
산림청(3)	수목보호기술자격	수목보호기 술자	(사)한국수목보호 협회	20.01.15.~25.01.14.	02.04.01~15.01.14
	분재관리사	1·2급, 분재 전문관리사	(사)한국분재 조합	19.02.01~24.01.31	02.02.01~19.01.31
	조경수조성관리사	2·3급	(사)한국조경수 협회	15.11.16~20.11.15	10.11.16~15.11.15
특허청	지식재산능력시험 (IPAT)	1·2·3·4급	한국발명진흥회	18.01.01~22.12.31	–

출처 : 2020학생부기재요령

[부록 5] 학교생활기록부에 기재 가능한 교육청 직속기관

⊙ 서울특별시교육청

(2020.01. 현재)

직속기관 29개
서울특별시교육연구정보원, 서울특별시과학전시관, 서울특별시교육연수원, 서울특별시학생교육원, 서울특별시유아교육진흥원, 서울특별시학교보건진흥원, 서울특별시학생체육관, 서울특별시교육시설관리본부, 고덕평생학습관, 노원평생학습관, 마포평생학습관, 영등포평생학습관, 강남도서관, 강동도서관, 강서도서관, 개포도서관, 고척도서관, 구로도서관, 남산도서관, 도봉도서관, 동대문도서관, 동작도서관, 서대문도서관, 송파도서관, 양천도서관, 어린이도서관, 용산도서관, 정독도서관, 종로도서관

교육지원청명 (11)개	소속기관 (0)개
서울특별시동부교육지원청	없음
서울특별시서부교육지원청	없음
서울특별시남부교육지원청	없음
서울특별시북부교육지원청	없음
서울특별시중부교육지원청	없음
서울특별시강동송파교육지원청	없음
서울특별시강서양천교육지원청	없음
서울특별시강남서초교육지원청	없음
서울특별시동작관악교육지원청	없음
서울특별시성동광진교육지원청	없음
서울특별시성북강북교육지원청	없음

◉ 부산광역시교육청

직속기관 19개	
부산광역시교육연구정보원, 부산광역시교육연수원, 부산광역시학생교육원, 부산광역시과학교육원,부산광역시학생교육문화회관, 부산광역시학생예술문화회관, 부산광역시어린이회관,부산광역시유아교육진흥원(유아교육체험원), 부산광역시립시민도서관, 부산광역시립중앙도서관(수정분관, 부산영어도서관), 부산광역시립구포도서관, 부산광역시립해운대도서관(우동분관), 부산광역시립부전도서관, 부산광역시립반송도서관, 부산광역시립구덕도서관, 부산광역시립서동도서관, 부산광역시립사하도서관, 부산광역시립연산도서관, 부산광역시립명장도서관	
교육지원청명 (5)개	소속기관 (0)개
서부교육지원청	없음
남부교육지원청	없음
북부교육지원청	없음
동래교육지원청	없음
해운대교육지원청	없음

◉ 대구광역시교육청

직속기관 19개	
17개대구광역시교육연수원, 대구광역시창의융합교육원, 대구광역시학생문화센터, 대구광역시미래교육연구원, 대구광역시교육해양수련원, 대구광역시유아교육진흥원, 대구광역시낙동강수련원, 대구광역시교육팔공산수련원, 대구광역시교육박물관, 대구광역시교육시설지원센터, 대구광역시중앙도서관, 대구광역시동부도서관, 대구광역시남부도서관, 대구광역시서부도서관, 대구광역시수성도서관, 대구광역시북부도서관, 대구광역시두류도서관, 대구광역시2.28학생도서관, 대구광역시달성도서관	
교육지원청명 (4)개	소속기관 (0)개
동부교육지원청	없음
서부교육지원청	없음
남부교육지원청	없음
달성교육지원청	없음

⊙ 인천광역시교육청

<table>
<tr><th colspan="2">직속기관 15개</th></tr>
<tr><td colspan="2">인천광역시북구도서관, 인천광역시중앙도서관, 인천광역시부평도서관, 인천광역시주안도서관, 인천광역시화도진도서관, 인천광역시서구도서관, 인천광역시계양도서관, 인천광역시연수도서관, 인천광역시교직원수련원, 인천광역시교육과학연구원, 인천광역시평생학습관, 인천광역시교육연수원, 인천광역시학생교육원, 인천광역시학생교육문화회관, 인천광역시유아교육진흥원</td></tr>
<tr><th>교육지원청명 (5)개</th><th>소속기관 (0)개</th></tr>
<tr><td>남부교육지원청</td><td>없음</td></tr>
<tr><td>북부교육지원청</td><td>없음</td></tr>
<tr><td>동부교육지원청</td><td>없음</td></tr>
<tr><td>서부교육지원청</td><td>없음</td></tr>
<tr><td>강화교육지원청</td><td>없음</td></tr>
</table>

⊙ 광주광역시교육청

<table>
<tr><th colspan="2">직속기관 12개</th></tr>
<tr><td colspan="2">광주광역시교육과학연구원, 광주광역시교육연수원, 광주광역시학생교육원, 광주학생독립운동기념회관, 금호평생교육관, 광주학생교육문화회관, 광주중앙도서관, 광주송정도서관, 광주광역시학교시설지원단, 광주광역시교육정보원, 광주광역시유아교육진흥원, 광주학생해양수련원</td></tr>
<tr><th>교육지원청명 (2)개</th><th>소속기관 (0)개</th></tr>
<tr><td>동부교육지원청</td><td>없음</td></tr>
<tr><td>서부교육지원청</td><td>없음</td></tr>
</table>

⊙ 대전광역시교육청

직속기관 8개	
대전교육과학연구원, 대전교육연수원, 대전평생학습관, 대전학생교육문화원, 대전교육정보원, 한밭교육박물관, 대전학생해양수련원, 대전유아교육진흥원	
교육지원청명 (2)개	**소속기관 (0)개**
동부교육지원청	없음
서부교육지원청	없음

⊙ 울산광역시교육청

직속기관 11개	
울산광역시교육연구정보원, 울산광역시교육연수원, 울산광역시학생교육원, 울산중부도서관, 울산남부도서관, 울산동부도서관, 울주도서관, 울산광역시교육수련원, 울산광역시유아교육진흥원, 울산과학관, 울산광역시학생교육문화회관	
교육지원청명 (2)개	**소속기관 (0)개**
강북교육지원청	없음
강남교육지원청	없음

⊙ 세종특별자치시교육청

직속기관 4개	
세종교육연구원, 평생교육학습관, 교육시설지원사업소, 학교폭력대책센터	
교육지원청명 (0)개	**소속기관 (0)개**
없음	없음

⊙ 경기도교육청

직속기관 19개
경기도교육연수원, 경기도율곡교육연수원, 경기도융합과학교육원, 경기도학생교육원(분원: 김포학생야영장, 용인학생야영장, 여주학생야영장, 양평학생야영장, 연천학생야영장), 경기도유아체험교육원, 경기도언어교육연수원, 경기도평화교육연수원, 경기도교육정보기록원, 경기도교육복지종합센터, 경기평생교육학습관, 경기중앙교육도서관(분원: 경기평택교육도서관, 경기광주교육도서관, 경기화성교육도서관, 경기의정부교육도서관, 경기도평촌학생체육관, 경기도도당학생체육관, 경기도농업계고등학교농업기계공동실습소, 경기도공업계고등학교공동실습소)

교육지원청명 (25)개	소속기관 (6)개
경기도가평교육지원청	경기도교직원가평수덕원
경기도고양교육지원청	없음
경기도광명교육지원청	없음
경기도광주하남교육지원청	없음
경기도구리남양주교육지원청	없음
경기도군포의왕교육지원청	없음
경기도김포교육지원청	없음
경기도동두천양주교육지원청	없음
경기도부천교육지원청	경기도부천학생수영장
경기도성남교육지원청	없음
경기도수원교육지원청	없음
경기도시흥교육지원청	없음
경기도안산교육지원청	없음
경기도안성교육지원청	경기도교직원안성수덕원
경기도안양과천교육지원청	경기도안양학생수영장
경기도양평교육지원청	없음
경기도여주교육지원청	없음

경기도연천교육지원청	경기도교직원연천수덕원
경기도용인교육지원청	없음
경기도의정부교육지원청	없음
경기도이천교육지원청	없음
경기도파주교육지원청	없음
경기도평택교육지원청	없음
경기도포천교육지원청	없음
경기도화성오산교육지원청	경기도화성학생수영장

⊙ 강원도교육청

직속기관 15개	
강원도교육연구원, 강원도교육연수원, 강원교육과학정보원, 강원진로교육원, 강원외국어교육원, 강원유아교육진흥원, 사임당교육원, 강원학생교육원, 강원학생통일교육수련원, 강원도교직원수련원, 춘천교육문화관(춘성교육도서관, 홍천교육도서관, 철원교육도서관, 화천교육도서관, 양구교육도서관, 인제교육도서관), 원주교육문화관(문막교육도서관, 횡성교육도서관, 영월교육도서관, 평창교육도서관), 강릉교육문화관(명주교육도서관, 정선교육도서관), 속초교육문화관(속초교육도서관, 양양교육도서관, 고성교육도서관), 삼척교육문화관(동해교육도서관, 태백교육도서관)	
교육지원청명 (17)개	**소속기관 (2)개**
춘천교육지원청	없음
원주교육지원청	없음
강릉교육지원청	없음
속초양양교육지원청	없음
동해교육지원청	없음
태백교육지원청	없음
삼척교육지원청	없음

홍천교육지원청	없음
횡성교육지원청	없음
영월교육지원청	없음
평창교육지원청	강원학생선수촌, 이승복기념관
정선교육지원청	없음
철원교육지원청	없음
화천교육지원청	없음
양구교육지원청	없음
인제교육지원청	없음
고성교육지원청	없음

⊙ 충청북도교육청

직속기관 12개	
충청북도교육과학연구원, 충청북도단재교육연수원, 충청북도중앙도서관(미원도서관), 충청북도학생교육문화원, 충청북도학생수련원, 충청북도학생국제교육원, 충청북도교육정보원, 충청북도특수교육원, 충청북도진로교육정보원, 충청북도충주학생회관(중원도서관), 충청북도유아교육진흥원, 충청북도학생해양수련원(제주수련원)	
교육지원청명 (10)개	**소속기관 (11)개**
청주교육지원청	없음
충주교육지원청	충청북도교직원복지회관
제천교육지원청	제천학생회관
보은교육지원청	보은도서관
옥천교육지원청	옥천도서관
영동교육지원청	영동도서관

진천교육지원청	진천도서관
괴산증평교육지원청	괴산도서관, 증평도서관
음성교육지원청	금왕도서관, 음성도서관
단양교육지원청	단양도서관

⊙ 충청남도교육청

직속기관 12개	
충청남도교육연구정보원, 충청남도교육연수원, 충청남도학생교육문화원, 충청남도평생교육원, 충무교육원, 충청남도학생수련원, 충청남도학생임해수련원, 충청남도남부평생학습관, 충청남도서부평생학습관, 충청남도과학교육원, 충청남도외국어교육원, 충청남도유아교육진흥원	
교육지원청명 (14)개	**소속기관 (15)개**
천안교육지원청	천안성환도서관
공주교육지원청	공주도서관, 공주유구도서관
보령교육지원청	보령도서관, 보령웅천도서관
아산교육지원청	아산도서관
서산교육지원청	서산해미도서관
논산계룡교육지원청	없음
당진교육지원청	당진도서관
금산교육지원청	금산도서관
부여교육지원청	부여도서관
서천교육지원청	서천도서관
청양교육지원청	청양도서관
홍성교육지원청	홍성도서관
예산교육지원청	예산도서관
태안교육지원청	태안도서관

⊙ 전라북도교육청

직속기관 12개	
전북교육연수원, 전북과학교육원, 전북교육연구정보원, 전북교육문화회관, 전북학생교육원, 전북학생해양수련원, 전북유아교육진흥원, 군산교육문화회관, 마한교육문화회관, 남원교육문화회관, 김제교육문화회관, 부안교육문화회관	
교육지원청명 (14)개	**소속기관 (20)개**
전주교육지원청	전주영어체험학습센터
군산교육지원청	군산영어체험학습센터
익산교육지원청	없음
정읍교육지원청	정읍학생복지회관, 정읍학생수련원, 정읍어린이교통공원
남원교육지원청	남원영어체험학습센터
김제교육지원청	없음
완주교육지원청	완주공공도서관
진안교육지원청	진안공공도서관, 마이종합학습장, 진안영어체험학습센터
무주교육지원청	무주공공도서관, 무주구천수련원
장수교육지원청	장수공공도서관
임실교육지원청	임실공공도서관, 임실영어체험학습센터
순창교육지원청	순창공공도서관
고창교육지원청	고창공공도서관, 고창영어체험학습센터, 삼인종합학습장
부안교육지원청	석포야영장

⊙ 전라남도교육청

직속기관 12개	
전라남도연구정보원(교육정책연구소), 전라남도교육연수원, 전라남도학생교육원(전남Wee스쿨이음), 전라남도학생교육문화회관, 목포공공도서관, 나주공공도서관, 전라남도과학교육원(전남환경교육센터), 전라남도국제교육원, 전라남도광양평생교육관, 전라남도고흥평생교육관, 장성공공도서관, 전라남도유아교육진흥원	
교육지원청명 (22)개	**소속기관 (15)개**
목포교육지원청	없음
여수교육지원청	없음
순천교육지원청	없음
나주교육지원청	남평공공도서관
광양교육지원청	광양공공도서관
담양교육지원청	담양공공도서관
곡성교육지원청	곡성교육문화회관
구례교육지원청	구례공공도서관
고흥교육지원청	없음
보성교육지원청	보성공공도서관, 벌교공공도서관
화순교육지원청	화순공공도서관
장흥교육지원청	장흥공공도서관
강진교육지원청	없음
해남교육지원청	해남공공도서관
영암교육지원청	영암공공도서관
무안교육지원청	무안공공도서관
함평교육지원청	함평공공도서관
영광교육지원청	영광공공도서관

장성교육지원청	없음
완도교육지원청	없음
진도교육지원청	진도공공도서관
신안교육지원청	없음

⊙ 경상북도교육청

직속기관 10개	
경상북도교육연구원, 경상북도교육연수원, 경상북도교육정보센터, 화랑교육원, 경상북도과학교육원, 경상북도립구미도서관, 경상북도립안동도서관(용상, 풍산분관), 경상북도립상주도서관(화령분관), 경상북도학생문화회관, 경상북도학생해양수련원	
교육지원청명 (23)개	**소속기관 (23)개**
포항교육지원청	영일공공도서관, 포항학생수련원
경주교육지원청	외동공공도서관
김천교육지원청	없음
안동교육지원청	안동학생수련원
구미교육지원청	없음
영주교육지원청	영주공공도서관(풍기분관)
영천교육지원청	영천금호공공도서관
상주교육지원청	상주학생수련원
문경교육지원청	점촌공공도서관(가은분관)
경산교육지원청	없음
군위교육지원청	삼국유사군위공공도서관
의성교육지원청	의성공공도서관
청송교육지원청	청송공공도서관
영양교육지원청	영양공공도서관

영덕교육지원청	영덕공공도서관
청도교육지원청	청도공공도서관, 청도학생수련원
고령교육지원청	고령공공도서관
성주교육지원청	성주공공도서관
칠곡교육지원청	칠곡공공도서관
예천교육지원청	예천공공도서관
봉화교육지원청	봉화공공도서관
울진교육지원청	울진공공도서관, 울진학생수련원
울릉교육지원청	울릉공공도서관

⊙ 경상남도교육청

직속기관 16개
경상남도교육청 창원도서관, 경상남도교육청 마산도서관(경상남도교육청 마산도서관 지혜의바다 분관), 경상남도교육청 김해도서관, 경상남도교육청 교육연수원, 경상남도교육청 교육연구정보원, 경상남도교육청 과학교육원(경상남도교육청 과학교육원 우포생태분원, 경상남도교육청 과학교육원 수학문화분원), 경상남도교육청 학생교육원(경상남도교육청 학생교육원 남해분원), 경상남도교육청 덕유학생교육원, 경상남도교육청 낙동강학생교육원(경상남도교육청 낙동강학생교육원 진산분원, 경상남도교육청 낙동강학생교육원 칠북분원), 경상남도교육청 종합복지관, 경상남도교육청 산촌유학교육원, 경상남도교육청 유아교육원(경상남도교육청 유아교육원 진주체험분원, 경상남도교육청 유아교육원 김해체험분원), 경상남도교육청 시설감리단, 경상남도교육청 특수교육원, 경상남도교육청 합천종합야영수련원, 경상남도교육청 학생안전체험교육원

교육지원청명 (18)개	소속기관 (36)개
창원교육지원청	진동도서관
진주교육지원청	진양도서관, 진주학생수영장, 진주학생체육관, 진주수학체험센터, 경상남도교육청 예술교육원 해봄
통영교육지원청	통영도서관

사천교육지원청	사천도서관, 삼천포도서관, 삼천포학생체육관
김해교육지원청	진영도서관, 김해학생체육관, 김해수학체험센터
밀양교육지원청	밀양도서관, 하남도서관, 경상남도교육청 밀양수학체험센터
거제교육지원청	거제도서관, 거제학동야영수련원, 경상남도교육청 거제수학체험센터
양산교육지원청	양산도서관, 양산수학체험센터
의령교육지원청	의령도서관
함안교육지원청	함안도서관
창녕교육지원청	창녕도서관, 남지도서관
고성교육지원청	고성도서관
남해교육지원청	남해도서관
하동교육지원청	하동도서관, 하동학생야영수련원
산청교육지원청	산청도서관, 산청학생야영수련원
함양교육지원청	함양도서관
거창교육지원청	거창도서관, 경상남도교육청 거창수학체험센터
합천교육지원청	합천도서관, 합천장전학생야영수련원

⊙ 제주특별자치도교육청

직속기관 9개	
탐라교육원, 제주교육과학연구원, 제주국제교육정보원, 제주학생문화원, 서귀포학생문화원, 제주교육박물관, 제주도서관, 제주유아교육진흥원, 제주특별자치도특성화고등학교공동실습소	
교육지원청명 (2)개	**소속기관 (4)개**
제주시교육지원청	한수풀도서관, 동녘도서관
서귀포시교육지원청	제남도서관, 송악도서관

[부록 6] 서울대 계열별 도서목록 (아로리웹진 Vol.7)

단과대학	도서 목록		
	1위	2위	3위
인문대학	역사란 무엇인가	논어	정의란 무엇인가
	사피엔스	미움받을 용기	1984
사회과학대학	왜 세계의 절반은 굶주리는가	정의란 무엇인가	미움받을 용기
	왜 세계의 절반은 굶주리는가	정의란 무엇인가	1984
자연과학대학	페르마의 마지막 정리	이기적 유전자	미움받을 용기
	이기적 유전자	코스모스	페르마의 마지막 정리
간호대학	간호가가 말하는 간호사	시골의사의 아름다운 동행	간호사 너 자신이 되어라
	간호사라서 다행이야	간호사가 말하는 간호사	사랑의 돌봄은 기적을 만든다
경영대학	경영학 콘서트	돈으로 살 수 없는 것들	미움받을 용기
	돈으로 살 수 없는 것들	넛지	경영학의 콘서트
공과대학	엔트로피	공학이란 무엇인가	왜 세계의 절반은 굶주리는가
	엔트로피	미움받을 용기	로봇 다빈치 꿈을 설계하다
농업생명과학대학	이기적 유전자	왜 세계의 절반은 굶주리는가	침묵의 봄
	왜 세계의 절반은 굶주리는가	이기적 유전자	침묵의 봄
미술대학	나는 3D다	광고천재 이제석	연금술사
	데미안	미움받을 용기	디자인의 디자인

사범대학	죽은 시인의 사회	에밀	수레바퀴 아래서
	죽은 시인의 사회	에밀	수레바퀴 아래서
생활과학대학	트렌드 코리아 2016	돈으로 살 수 없는 것들	동물해방
	왜 세계의 절반은 굶주리는가	미움받을 용기	오래된 미래
수의과학대학	수의사가 말하는 수의사	생명이 있는 것은 다 아름답다	동물해방
	수의사가 말하는 수의사	이기적 유전자	의사와 수의사가 만나다
음악대학	나는 내일을 기다리지 않는다	미움받을 용기	연금술사
	미움받을 용기	하노버에서 온 음악편지	자존감 수업
의과대학	닥터스 씽킹	아내를 모자로 착각한 남자	이기적 유전자
	숨결이 바람 될 때	나는 고백한다 현대 의학을	미움받을 용기
자유전공학부	정의란 무엇인가	미움받을 용기	돈으로 살 수 없는 것들
	정의란 무엇인가	왜 세계의 절반은 굶주리는가	1984
치의학대학원	치과의사가 말하는 치과의사	닥터스 씽킹	이중나선
	치과의사가 말하는 치과의사	숨결이 바람 될 때	미움받을 용기

[부록 7] 서울대 합격생 학생부 (아로리웹진 Vol.7)

2019학년도 서울대 아로리 웹진 나도 입학사정관

인문대학 국어국문학과 A학생(광주소재일반고) 고교 공통정보 요약

- 광주 소재 일반고
- 1, 2학년 대상, 학술 프로젝트 모둠활동 운영
- 중점교육과정 운영의 일환으로 학생의 과목 선택권이 보장된 계절학기 편성·운영
- 학생 주도 자율 발표 프로그램 운영

[학교생활기록부 발췌]

- 자유주제 발표시간에 '개화기와 일제강점기의 국어 연구'라는 주제로 시대별 국어 연구기관의 명칭과 활동내용을 조사하고 관련된 일화를 소개하는 한편 '국문연구의정안'의 내용과 일제강점기와 현대국어를 비교하는 활동을 통해 자료를 조사하고 분석하는 능력이 뛰어남을 나타냄.
- '우리말 바로 알고 세우기'라는 제목으로 프로젝트 활동을 수행함. 실제 생활에서 쓰이고 있는 상호, 제품명 등을 직접 조사하여 실태를 파악·분석하고 국어대사전, 각종 참고문헌, 학생들을 대상으로 실시한 설문조사 결과를 정리하여 보고서를 완성하고 발표함.
- '정적분과 지니계수'라는 주제로 발표할 때 '수학, 인문으로 수를 읽다(이광연)'를 참고하여 소득분포의 불평등 정도를 정적분으로 계산하여 알 수 있음을 주목하여 지오지브라를 사용하여 확인한 값과 정적분 계산값이 일치함을 확인하였고 지니계수와 로렌츠곡선을 소개하고 로렌츠곡선의 함수적 특징과 변화요인을 발표함. 2015년 통계청 자료를 참고하여 우리나라 소득분포를 로렌

츠곡선으로 표현하고 우리나라 지니계수를 구하여 발표함.

- 수업시간 개인 발표 기회를 통해 한국인이 자주 실수하는 영어표현을 영·미권 문화와 함께 알아보며, 문화적 차이가 언어를 어떻게 변형시키는지 발표함. 교과서 8과 내용을 바탕으로 주제를 선정하고 발표할 때 역사적으로 영향력이 있었던 사진을 보여줌으로써 학생들의 본문 이해를 도울 수 있는 시각 자료를 적절히 제시함. 특히, 본문의 관계대명사를 설명할 때 모든 학생의 수준에 맞는 PPT 자료와 적절한 어휘 선택이 돋보임.
- 기후 변화에 관련된 독서를 하고 후속 탐구활동으로 '지구 온난화 진행 상황과 국제사회의 대응'이라는 주제의 보고서와 프레젠테이션을 작성함. 조사 과정에서 관련 독서와 IPCC보고서를 활용하여 지구 기온의 상승 원인에 대한 구체적인 자료를 제시하였음.
- '광고 언어와 문화'를 주제로 한국과 외국의 특정 광고에 나타나는 언어적 특성을 말하기 방식, 어휘 등의 관점에서 폭넓게 조망함. 예비 가설을 세우고 한국, 미국, 일본 3개국의 동일 제품 광고에 나타나는 언어의 특징을 문화와 연결하여 결론을 도출하였으며, 탐구 결과를 활용하여 수출, 수입 등 목적과 대상의 특성에 맞는 광고 포스터를 직접 제작하여 발표함. 이후 공동체의식, 질서 유지를 주제로 공익광고 포스터와 문구를 만들어 학교 알림판에 게시하였음.
- '21세기 교육혁명, 왜 거꾸로 교실인가?'라는 주제의 교내 강연 프로그램에 참석하여 많은 학생들이 무기력하게 보내는 교실 풍경을 떠올리며 자신이 교사가 되어 학생들이 주인이 되는 수업을 만들겠다는 생각을 밝힘.
- 자신만의 아이디어와 그 결과물을 보여주는 것에 대한 자신감이 있어 이를 바탕으로 각종 교내발표회와 전시회에 끊임없이 참가하였으며, 체력 문제로 병원에 다니면서까지도 목표를 달성하겠다는 의지로 결국 결과물을 만들어내

는 집념을 보여주었음. 반에서 학급 친구들의 말을 잘 들어주는 학생으로 평가받지만, 조별 학습시간에 노력하지 않고 결과만을 기대하는 학생들에게는 쓴소리를 하는 단호한 모습을 가끔씩 보여주기도 함.

- 시사문제에 관심을 갖고 토론에 임하는 자세를 갖춘 학생임. 최근 이슈가 되었던 'JSA를 통해 귀순한 병사의 신상공개 찬반여부'에 대해 토론할 때 발표자의 편향적인 사고를 지적하고 객관적인 자료를 통해 의견 개진을 주문하여 발표자가 자신의 내용을 수정하여 발표할 수 있도록 도움을 주었음.
- 일상의 소소한 행복을 찾는 것이 중요하며 행복은 기쁨과 의미의 균형이 있다고 발표하여 학생들의 호응을 얻음. '나도 영어선생님' 시간에 'Konglish'라는 주제로 발표함. Konglish의 의미, 예시 표현과 이를 무비판적으로 사용하는 언중에 대한 부정적인 시각과 긍정적 시각의 비교, 외국인에게 Konglish를 이용하여 한국어를 가르치는 방법을 설명함.

인문대학 국어국문학과 B학생

고교 공통정보 요약

- 부산 소재 일반고
- 과학영재반 프로그램 운영
- 매월 토요일 자율활동에서 토론 프로그램 운영
- 창의주제탐구 프로그램 지원 및 운영
- 교육과정과 연계한 심화 학술 동아리 지원 및 운영

[학교생활기록부 발췌]

- 1학년 초 수학 과목에 대한 부담을 많이 지니고 시작했으나, 모둠별 토의 활동과 자신의 아이디어를 발표하며 교사의 돌발질문에 대답하는 시간이 거듭

하며 '왜 이렇게 되는 거지?'라는 물음을 던지며 수학 문제를 분석하고, 문제 해결을 위해 사고하는 습관이 점점 형성되는 것을 확인할 수 있었음. 학생의 긍정적인 변화를 보며 수학 모둠활동 시간을 주로 행하는데 교사로서 안도감을 느끼기도 함.

- 모둠을 구성한 후 고전시가 '서경별곡'을 발라드 장르로 변용하여 수업 중 급우들에게 노래를 들려주어 많은 호응을 자아냄.
- 국어 학습에서 선생님의 설명에 그치지 않고 작품에 대한 다양한 해석을 찾고, 관련 있는 작품이나 작가가 어떤 특징을 가졌는지를 이해하고 정리하는 꼼꼼함을 보임. 문법을 배울 때 누구보다 즐거워함.
- 수학과 관련된 독서를 통해 수학 실력과 수학에 접근하는 태도를 변화시키고자 노력을 끊임없이 기울였으며, 이는 수업시간 중 또 다른 해법을 요구하는 교사의 주문에 바로 대응할 수 있는 순발력과 수학적 지식을 갖추게 함. 이를 통해 한 학기 동안 학생의 수학적 성장을 확인할 수 있었음.
- '이생규장전'을 다루는 시간에 작가 김시습의 생애와 '금오신화'에 수록된 전기소설의 특징을 조사하는 등 문학 감상과 관련된 자료 찾기를 스스로 즐겨하며 시 학습에서 '돈호법'과 '영탄법'의 차이, '객관적상관물'과 '감정이입'의 차이 등 세세한 부분에 대한 질문을 많이 함. 차분하고 정돈된 학습태도로 조별 활동 수업을 이끄는 리더의 역할을 도맡음. '문학적 자기소개'에서 노래 가사를 개작한 '과거, 현재, 미래'라는 제목의 산문시로 비눗방울을 터트렸을 때 나오는 아름다운 색채처럼 다양한 친구들과 접촉하면서 좋은 관계를 맺고 싶다는 바람을 잘 표현함.
- 학습에서 '왜?'라는 질문의 중요성을 가장 잘 알고 있는 학생임. 질문을 할 때 본인이 분석한 문제 상황을 설명한 후 어떤 이유로 접근했고, 어떻게 정답을 도출했는가를 먼저 말함. 왜 오류가 생긴 것인지에 대해 처음에는 바로 설명

해 주기도 하였으나 교류가 반복되면서 '이것과의 차이점이 뭘까?'라는 질문으로 답을 대신함. 교사의 힌트를 바탕으로 스스로 문제점을 찾는 과정을 즐기며 시간이 지날수록 논리적인 사고과정을 거쳐 수학 문제해결능력이 크게 신장되는 것을 확인함.

- 문법의 전 분야를 스스로 탐구하고 정리해 보고자 '4주간의 국어여행(남영신)'을 찾아 읽음. 4주간의 여행일정처럼 펼쳐지는 문법학습이 쉽지는 않았지만 교과수업에 대한 내용정리는 물론 충실한 심화학습이 되어 매우 뜻깊었으며 중세국어나 어원에 대한 탐구도 해보고 싶다는 보고서를 작성하고 이를 PPT로 제작하여 발표함.
- 한 문제에 대해서도 다양한 풀이방법을 적용하여 해결하며 그 과정에서 생기는 오류에 대해 교사에게 적극적인 질문을 거듭하여, 본인이 잘못 해석하여 생긴 오류를 점검하며 자기주도 학습노트를 잘 활용하는 태도가 한결같음. 특히, 중의적인 해석이 가능한 문제에 대해서는 반드시 확인하는 분석력이 돋보임. 모호한 표현을 수정하며 상황의 차이점을 더 명확히 자기화함을 지켜봄. 또한, 문제풀이의 과정을 수식, 그래프, 표 등의 수학적 언어로 표현하는 것에도 뛰어남을 인정받고 수학 과목에서의 자신감을 회복함. 교과 내외의 여러 보고서를 작성할 때 해석에 오류를 최소화하려 노력하는 모습도 볼 수 있었음.
- 영어 기행문 쓰기 활동에서 수학여행 첫째 날 궂은 날씨로 힘들었던 경험을 구체적으로 묘사하고, 그에 대한 아쉬움을 잘 표현하여 좋은 평가를 받음. 영어 토론활동에서는 '사형제도는 적절한가?'를 주제로 선택하여 찬성의 입장에서 자신의 주장을 펼침. 입론하기 전 자신의 생각을 글로 정리하여 주장의 논리력을 더 하기 위한 철저한 준비성을 보여줌. 학기 초와 비교하여 여러 번에 걸친 영작활동을 통해 어휘력과 문장구사력에 있어 상당한 발전을 보여주었음.
- 모르는 것을 해결하기 위해 항상 담당 교사에게 열심히 질문하며 노력하는

학생임. 조별 발표수업을 준비하는 과정에서 조장을 맡았으며, 조원이 협력하여 PPT를 매우 깔끔하게 만들어 발표한 것 외에 프린트를 별도 제작하여 이를 꾸준히 급우들과 공유함. 세 번의 발표 중 특히 '문화의 요소' 단원의 발표에서는 발표의 준비성과 전달력이 뛰어나 급우들로부터 박수를 받았으며, 본 교사도 칭찬함.

• 수업 중 교사가 던지는 질문에 앞장서서 발표 및 대답을 하며 수업에 참여하려는 적극적인 자세를 보임. 조별 발표수업에서 조장을 맡아 조원들에게 각자의 역할을 나누고 급우들의 이해를 돕기 위해 PPT 외에 학습용 프린트를 추가로 만들자는 제안을 하여 실제 수업 중 급우들에게 나누어준 후 설명하기도 함. 발표 준비 과정에서 자료 조사와 수업 발표자를 담당하여 교과서, 학습지 외 여러 자료를 더 찾아보고 준비하는 모습을 보임.

• 4컷으로 한시 표현하기 활동에서 이옥봉의 '自述'을 선정하여 시에 대한 본인의 해석을 덧붙여 마치 시의 화자가 편지를 쓴 것처럼 표현한 방식이 인상적이었으며, 시적 상황과 정서를 파악하는 능력이 뛰어남. 한자를 비롯하여, 전반적으로 언어에 관심이 많으며 궁금한 점이 생기면 항상 교사에게 질문을 통해 해결하는 적극성을 보임.

인문대학 국어국문학과 C학생

고교 공통정보 요약

- 대구 소재 일반고
- 강의식 수업을 탈피 학생 참여형 수업 확대
- 실질적인 교과 역량을 함양하는 수업 및 평가 방식 운영(과정 중심 수행평가 40%)
- 학교 간 공동교육과정 운영(화학실험, 심화영어독해 등)

[학교생활기록부 발췌]

- 수업 중 문학 갈래의 특징에 관한 발표에서 창의적인 면모를 보임. 서정 갈래에 특히 뛰어난 성취를 보이고 작품을 해석하는 능력이 좋음. 예를 들어 시 〈춘천은 가을도 봄이지(유안진)〉에서 작가에 집중하여 독창적인 발표를 하였고, 〈제망매가(월명사)〉는 〈도산십이곡(이황)〉과 비교하여 시의 내용을 해석하는 모습을 보임.
- 매 단원 마무리로 배운 내용을 조원들과 협의하여 마인드맵, 시, 연극, UCC, 노래 중 하나로 표현하도록 활동하는 프로젝트를 받아 조원들과 의견을 나누며 적극적으로 참여하는 모습을 보임. 명제 단원의 내용 정리를 마인드맵으로 표현할 때 카카오톡 상황을 활용하여 흥미를 높였으며 특히 절대부등식을 설명할 때 자신감을 갖고 깔끔하게 요약 설명하며 증명을 직접 풀이하는 열정을 보였음.
- 발표수업 중 '지질시대의 환경과 생물의 변천'에 대한 부분을 맡아 보충자료를 조사하고 정리한 후 PPT를 만들어 친구들 앞에서 발표함. 우주가 만들어진 과정에 대해서도 관심이 많아 내용에 대해 완벽하게 이해한 후 수업 시간 중 친구들에게 설명하는 모습을 보이기도 함.
- 시 수업 시간에 실시한 '감성이 있는 시 수업 – 감상문 쓰기 활동'에서 친구들에게 추천할 만한 시 '수선화에게(정호승)'를 가져와 시를 낭독하고 그에 대한 감상문을 써서 발표함. 특히 이 시에 나타난 외로움의 정서에 대한 자신의 생각과 느낌을 잘 나타내었으며, 시의 내용을 현대사회와 연관지어 감상하여 작가가 궁극적으로 말하고자 하는 바를 파악하여 그에 대한 자신의 관점을 잘 드러냄. 국문학에도 관심이 많아 교과서 수록본에 머무르지 않고 작품 전체를 찾아 완독하는 모습을 보임.
- 독서프로젝트 활동에서 〈불편해도 괜찮아(김두식)〉를 읽고, 내용을 정확하게

파악하여 매 시간 독서일지에 주요 내용과 느낀 점을 기술하였음. 특히 서평 쓰기에서는 '왜 한 번도 비판적이지 않았는가'라는 제목의 서평을 작성하여 차별의 역사와 인권의 박탈에 대한 생각을 서술하였으며, 책을 읽고 나서 '자연스럽게 받아들였던 말이나 행동 하나도 다른 눈으로 보게 될 것 같고, 자신의 언동에도 한 번 더 생각하게 될 것 같다.'는 요지의 내용을 제시함.

- 상대성이론 단원에서 특수상대성이론과 일반상대성이론에 흥미를 느껴 영화 '인터스텔라'를 감상하고 영화 속 이론의 개념을 설명하는 책을 추가로 찾아본 후 보고서를 작성함. 전자기파와 통신단원에서 전자기파의 특징과 그 이용 분야를 작성하여 제출하였는데 각 전자기파의 특징을 잘 이해하고 자신만의 방법으로 구분한 것이 인상적임.
- 자발적으로 심화독서토론 동아리를 결성하여 성실하게 활동에 임함. 〈렉서스와 올리브 나무(토머스프리드먼)〉를 동아리 토론 중심 도서로 추천함. 토론을 통해 개별 국가가 지닌 문화독창성을 바탕으로 보편적이고 융합적인 문화다양성을 가진 경제 강국이 되는 방안을 담은 보고서를 작성함.
- 〈Never Let Me Go(가즈오 이시구로)〉를 읽고 인간이 어떤 목적을 이루는 도구가 되는 것은 바람직하지 않다는 자신의 의견을 영어독후감으로 작성함. 미국의 사회와 문화주제 발표시간에 미국영화 〈어벤져스: 인피니티워〉의 오역에 대해 조사하여 발표함. 'I offered a soultion: kill(나는 해결책으로 그들의 절반을 죽였다), We're in the endgame now(이제 가망이 없어)'라고 번역되어 있는 점이 영화의 흐름 및 중요한 결말을 바꾸어 버릴 수도 있어 각각 상황에 맞는 올바른 번역을 제시함.
- '시계'는 사람이 보고 있거나 말거나 지금 이 순간에도 바쁘게 돌아가고 있는데, 어쩌면 세상에서 가장 주체적인 사물이 바로 시계일지도 모른다고 이야기함. 자신 역시도 시계와 같이 언제나 같은 자리에서 자신의 역할을 충실히 해

내기 위해 노력한다는 점에서 공통점이 있다고 이야기함. 또한 시간은 항상 앞으로만 흘러가고 돌이킬 수 없다는 것을 알기에 시계도 자신도 이 순간 최선을 다하여 나아가고 있다고 발표함.

- 근현대사에 관심이 많아 〈한국통사(박은식)〉를 찾아 읽었으며, 대원군의 세도 정치 척결과 내정 개혁의 업적에 대해 인정하면서도, 당시 국제 정세에 대한 정확한 판단 없이 통상수교 거부정책을 실시하여 우리나라가 시대의 흐름에 발맞춰 성장할 기회를 잃어버렸다는 사실에도 공감함. 〈미래를 여는 역사(한중일3국 공동역사편찬위원회)〉를 읽고, 자문화 중심주의의 편협한 애국심에서 벗어나 인권을 우선으로 생각하며, 평화와 민주주의 체제를 통해 서로 존중하며 함께 발전할 수 있는 미래지향적 역사관의 중요성을 인식하게 되었다는 내용의 독서 감상문을 제출하였음.
- 〈데미안〉, 〈싯다르타〉 등의 소설로 이전에 만났었던 헤르만 헤세의 마지막 작품 〈유리알유희〉를 소개함. 헤르만 헤세 작품 특유의 동서양 사상, 신화적 구조와 다방면의 방대한 지식들을 따라가기 힘들어 읽는 내내 어려움을 느꼈지만 〈잡문시대〉의 지식인들이 돈과 명예, 권력을 위해 자기 지식을 왜곡하는 모습들은 기자들의 왜곡보도, 어용 지식인의 문제 등 오늘날의 한국 사회에도 그대로 적용시킬 수 있는, 시대와 국경을 떠나 모든 인간사회가 지니고 있는 난제임을 깨달았다고 발표함.

농업생명과학대학 응용생물화학부 A학생

고교 공통정보 요약

- 전북 소재 일반고
- 과학중점과학 운영(2017년 운영 시작)
- 교육과정 거점학교 운영(과제연구, 고급수학 개설)

[학교생활기록부 발췌]

- 자신의 삶에 영향을 끼친 문학작품으로 에드워드 O. 윌슨의 〈젊은 과학도에게 보내는 편지〉를 소개함. 과학자의 삶, 과학자의 자세, 현실적인 고충을 담고 있는 이 책을 통해 자신의 진로에 대해 고민해 보고, 미래의 목표를 설계하는 계기가 되었다고 함. 또한 학급에서의 발표를 통해 자신과 비슷한 상황에 놓인 학생들에게 이 책을 추천함.
- 시키는 사람이 없어도 스스로 재료를 구입해 학급 게시판을 꾸미고 에어컨 필터를 청소하는 등 학급을 위해 솔선수범 하는 자세가 돋보임.
- 매주 월요일마다 같은 반 학생 7명과 함께 물리과목 또래멘토링 활동을 함. 물리교과서에 실린 공식 유도과정을 설명해 주고 관련된 문제를 함께 해결해 나갔으며, 학생들이 무게와 질량의 차이점 등 물리의 기본 개념을 파악할 수 있도록 노력함.
- 화학에 관심이 많아 화학자율동아리 부원들과 화학의 기본 개념에 대한 보고서를 작성하였으며, 화학계열 직업을 희망하는 학생들과 진로 클럽을 구성하여 화학포비아의 사례와 대책에 대해 조사함.
- 교과서 본문을 읽고 기존의 식상한 발표방식에서 벗어나 사진 작가 배병우와의 가상 인터뷰를 구성하여 학급동료와 함께 상황극으로 표현함. 창의적인 아이디어가 돋보이는 상황극을 통해 다른 학생들이 교과서 본문을 쉽고 재미있게 이해할 수 있도록 도움. 또한 생동감 있는 연기와 정확한 발음으로 교우들의 웃음을 자아내며 찬사를 받음.
- 많은 학생들이 어려워하는 상용로그의 정수부분과 자릿수의 관계에 대해 중점적으로 설명하였으며, 다양한 숫자를 예로 들며 이해를 도움.
- 어렵다고만 생각했던 수학에 대한 흥미를 고취시키고 실험을 통해 수학적 원리를 접한. '신비의 수소수의 공식화'라는 주제로 보고서를 제출하였으며, 4차

원을 3차원으로 표현한 하이퍼스페이스를 만들어보고 에어서핑, 풍선으로 정다면체 만들기 등 다양한 부스활동을 함.

- 시험기간 동안 청소가 제대로 이루어지지 않자 아침시간을 이용하여 자발적으로 교실을 청소하며 쾌적한 환경을 유지하기 위해 노력하며 다리를 다쳐 계단을 오르내리기 힘들어하는 친구를 위해 매일 식판을 두 개씩 받아 교실까지 가져다주는 등 주변 사람들에게 친절한 학생임.
- 가상·증강현실, 바이오에너지, 패시브·액티브하우스, 공기청정기, 내진설계에 대해 탐구하고 이를 학교에 적용하여 미래 학교모델을 제작하는 연간 프로젝트를 진행함.
- 학급프로젝트 주제로 '놀이기구에 적용된 과학원리 탐구하기'를 선정하여 더 블락스핀, 롤러코스터의 원리에 대해 조사함. 총괄편집을 담당하여 보고서 내용을 최종적으로 수정하고 정리하였으며, 이 내용을 바탕으로 학급프로젝트 활동 내용을 담은 문집을 제작함.
- 단원 학습활동으로 스펙트럼의 종류와 각각의 특징에 대해 자세히 조사하고 보고서를 제출함. 특히 각각의 스펙트럼을 얻기 위한 방법과 대표적인 예를 들어 이해하고 설명한 부분이 인상적임. 또한 직접 CD분광기를 제작하여 스펙트럼을 관찰하는 등 적극성을 보임. 모둠별 발표수업에서 '탄소화합물이 다양한 이유'에 대한 유인물을 직접 만들고 프레지를 구성하여 발표함.
- 미분계수에 관심을 갖고 전 시간에 배운 평균변화율을 활용하여 미분계수에 적합한 공식을 증명함. 미분계수의 4가지 공식을 정의하며 각각의 차이점을 살피고 평균변화율과의 차이를 분석하며 기하학적 의미를 이해하고 이를 ppt로 정리하여 발표함.
- '통계로 바라본 급식실'이라는 주제를 설정하고, 표본의 크기 50으로 모평균 추정이론을 통한 전교생 평균 식사 시간을 추정하고, 배식시간 30분 이내에

최대로 수용 가능한 학생 수를 추정함으로 급식실을 세 구역으로 나누어 학년별로 2개의 구역을 앉을 자리로 지정함으로 급식실이 안정적으로 운용될 수 있음을 제안함.

- 바다로 흘러드는 플라스틱이 해양생태계 파괴의 주범이라는 기사를 읽고 자율탐구활동의 일환으로 플라스틱을 대체할 수 있는 물질에 대해 조사해 봄. 오랜 기간 화장품 첨가제로 쓰이던 미세플라스틱을 배의 석세포로 대체하는 기술과, 바이오매스와 미생물을 이용하여 플라스틱을 생산하는 기술에 대해 심층적으로 이해함. 또한 플라스틱 물병의 대체제로 주목받는 '오호'를 직접 만들어 봄.
- 영작 수업에서 교사로부터 구체적인 예시를 제시하였으면 좋겠다는 피드백을 받아 융합과학동아리 활동을 시작한 내용을 추가하여 짜임새 있는 문단을 작성함. 획일화된 어휘와 문장구조에서 벗어나 새롭고 접해 보지 못했던 표현을 익히기 위해 교사에게 적극적으로 질문하며 문단을 작성하려는 노력이 돋보임. 또한 조원들과 협력하여 우리 학교의 장점을 소개하는 UCC를 제작함. 개그 프로그램을 패러디한 재미있는 각본을 바탕으로 많은 학생들의 웃음을 자아냄. 평소 컴퓨터 프로그램을 잘 다뤄 영상 편집 역할을 맡게 되었으며, 틈나는 대로 편집에 몰두할 정도로 자신의 역할에 최선을 다해 완성도 높은 영상을 제작함.
- TLC판을 이용해 광합성에 관여하는 색소를 크로마토그래피법으로 분류해 봄. 처음에는 교정에 있는 다양한 식물의 잎을 섞어서 갈아 색소를 분류하였으나 이론으로 배운 내용에는 없었던 색소들이 관찰되자 소나무와 단풍나무의 색소 차이를 궁금해 하며 조원들과 자체적으로 추가 실험을 하는 등 실험에 매우 적극적인 모습을 확인함.

농업생명과학대학 응용생물화학부 B학생

고교 공통정보 요약

- 인천 소재 일반고
- 수학과 과학교과 이수 비율을 높이기 위해 해당 과목의 편성 비율을 높임
- 수행평가 비율을 50%로 높여 토론, 논술, 실험, 발표 등의 과정중심 평가를 실시함.
- 과학영재프로그램 운영
- 공동교육과정으로 화학실험, 고급수학 개설

[학교생활기록부 발췌]

• 지역공동영재학급 1학년 화학영역 82시간을 수료함. 반도체의 논리회로를 잘 이해하고 주변 친구에게도 설명을 함. 특히 질병과 면역에 대하여 많은 관심을 가지고 "유전자의 영향을 받는 질병에는 무엇이 있는가?", "인체에서 약이 표적기관에 작용하는 원리는 무엇인가?" 등 심화자료를 스스로 찾아 읽고 질문을 하는 모습을 보였으며, 질병과 면역에 대해 조사한 후 수업시간에 친구들 앞에서 유창하고 재미있게 발표하며 적극적으로 참여하는 모습을 보임.

• 〈내가 유전자 쇼핑으로 태어난 아이라면(정혜경)〉을 찾아 읽고 유전자재조합 기술이 정체성을 훼손하는 것이라고 생각했던 자신의 생각이 변화한 과정을 독후감상문으로 기록하고 이를 발표하여 독서 관련 단원수업 진행에 도움을 주었음.

• '해파리의 콜라겐 성분을 이용한 천연접착제 제작'을 주제로 수개월 연구를 진행하며 생물자원의 중요성을 깨달음. 늦은 시간까지 남아 실험을 수행하며 과학적 탐구의 과정을 익힐 수 있었고, 실험설계 능력 및 데이터 분석능력이 우수하여 보고서 작성에 도움을 줌.

- 학기말 프로젝트 활동으로 '유해 화학물질을 조사하고, 각 물질의 특성에 맞는 순우리말 이름짓기'를 진행했는데 서론에서는 유해 화학물질에 대한 관심이 높아지는 현실을 다루었음. 또한 본론에서는 비스페놀A를 맡아 구조, 물리화학적 특징, 인체에 미치는 영향을 조사하여 체계적으로 작성했으며 결론까지 잘 정리하여 발표했음.
- 적분 방법에 따라 적분 결과의 차이가 있을 수 있지만 적분상수의 형태 차이일 뿐 실제로 같은 결과임을 설명하여 급우들의 이해를 도움. 삼각치환적분에서 특정 함수의 형태는 원의 일부의 면적으로 정적분 결과를 구할 수 있음을 설명하여 문제를 다각적관찰로 해결함을 보여줌. 컴퓨터 단층촬영의 원리에 적분이 쓰임을 알고 일정방향에서 얻은 엑스레이 강도의 감쇠율함수를 가지고 그 방향에서 인체의 밀도함수를 구함.
- '방사선을 활용한 세포 내 DNA복구 메커니즘'이라는 주제로 PPT를 제작하여 발표함. 불일치 복구, 뉴클레오티드 복구 등의 생소한 개념을 실생활에서 활용되는 사례를 중심으로 쉽게 설명하는 모습이 인상적이었음.
- MBL를 활용하여 물리Ⅱ 교과 개념에 관한 실험활동을 함. 2개의 주제(단진자운동의 주기, R-L-C회로의 코일, 저항에 걸리는 전압의 위상차)에 대해 자기주도적으로 분석함. 특히, 중력을 분해하여 알짜힘을 구해 실험결과에 적용한 부분과 코일과 저항의 걸리는 위상차를 위상자의 개념을 도입하여 분석한 부분이 훌륭했음. 학교 교육과정에서 물리Ⅱ를 이수하지 못했음에도 불구하고 3학년에서도 물리교과의 호기심을 향상시키기 위해 노력하는 모습이 인상적임. 직접 물리교사를 찾아가 실험활동에 대한 계획을 먼저 이야기했으며, 이후 물리교사와 현재까지 지속적으로 상호작용을 하고 있음.
- 모리스 까렘의 시 〈Le Herisson〉 암송을 통해 프랑스어의 발음을 익히고 시를 능숙하게 발표하였음. 준비과정이 많은 과학 관련 행사(출석인정)를 마치

고 학교로 돌아온 후 바로 평가를 실시하였는데 자신 있는 모습으로 유창하게 암송하는 모습에서 성실한 모습과 평소에 학업을 미루지 않은 태도가 돋보여 칭찬함.

- '종이를 접어 행성까지 도달하기' 프로젝트에서는 버니어캘리퍼스를 이용하여 종이의 두께를 정밀하게 측정하고, 이 종이를 몇 번 접어야 금성까지 도달할 수 있는지를 추론함. 로그값이 실생활에서는 천문학적 단위나 화학의 pH농도를 나타낼 때 쓰인다는 것을 추가로 조사하여 발표함. '우리 학교 높이 구하기'에서는 삼각함수를 이용해 건물의 높이를, '공의 반지름 구하기'에서는 구면계를 제작하여 배구공의 반지름을 정확하게 도출함. '원뿔곡선 만들기'에서는 이차곡선의 자취를 소프트웨어로 구현함.
- DNA복제과정을 메셀슨과 스탈의 실험결과를 통해 추론하는 과정에서 보존적 복제와 분산적 복제가 틀렸음을 입증하는 실험결과를 찾고 반보존적 복제모델의 타당성을 실험적 사실을 바탕으로 설명함. DNA복제, 전사, 번역 과정을 반응에 참여하는 효소와 반응순서를 중심으로 PPT를 제작하여 발표함.

농업생명과학대학 응용생물화학부 C학생

고교 공통정보 요약

- 경남 소재 일반고
- 학생 진로 선택의 폭을 넓힌 중점 교육과정 운영
- 소인수 선택과목(일반/심화) 개설 폭 확대
- 교과별 실질적 역량 함양을 위한 수업 방법 도입

[학교생활기록부 발췌]

- 조별로 실시한 역사인물탐구발표 시간에서 삼국시대 고구려 '장수왕'에 대한

내용을 조사하여 발표하였음. 6명으로 모둠을 형성하여 자료수집, 발표내용 정리, 프레젠테이션 자료제작 등 역할을 분담하여 성실히 수행하였고, '장수왕'의 주요 업적에 대해 논리정연하게 학생들에게 발표함.

- 학교 간 공동교육과정 소수 선택과목 과학사 및 과학철학 과목에서 과학 발달의 또다른 근간을 이루는 과학철학의 흐름을 고대 그리스의 아리스토텔레스로부터 헬레니즘과 로마의 과학, 베이컨과 데카르트의 귀납주의, 20세기 과학적 방법론까지 학습함. 동양의 과학이 서양의 과학에 뒤처지는 것이 아님에도 불구하고 산업혁명 이후 서양의 과학이 우세하게 된 배경을 잘 이해하고 아리스토텔레스의 4원소설이 연금술에, 연금술은 아랍의 과학에, 아랍의 과학이 유럽의 과학과 오늘날의 과학에 미친 영향에 대해 잘 알게 되었으며 여러 가지 과학적 사조와의 관계를 어골도(魚骨圖)그리기를 통해서 유기적으로 잘 연결함. 실재론과 유명론에 관한 자신의 입장을 정리하여 발표하고, 토마스 쿤의 과학혁명과 관찰의 이론적재성이 주는 의미에 대해 잘 알게 됨.
- 주중에는 수학과 독서를, 주말에는 과학 분야 과목을 보충하면서 실력을 쌓기 위해 노력하였으며, 학교교육과정에서 제공하는 깊이 있는 공부를 위해 고급생명과학, 과학사 및 과학철학 등의 심화 과목을 이수하는 등 학습에 대한 능동적이고 적극적인 자세를 가지고 있음.
- 거꾸로 수업에서 평면벡터의 성분을 단위벡터의 개념에 접목시켜서 좌표평면에서 성분을 나타내는 방법을 설명하고 평면벡터의 덧셈, 뺄셈, 실수배에 대한 설명을 좌표평면에서 단위벡터를 이용하고 성분과 성분을 활용하여 그림을 그리면서 설명함.
- 실생활 속에서의 등비급수를 프렉탈이 적용되는 서해안 리아스식 형태와 나뭇가지의 형태를 이용하여 나무의 수분 증발의 현상으로 설명함. 수학도서읽기활동으로 톰슨의 쉬운 미적분학을 읽고 독후활동을 하였으며 구분구적법

을 이용하여 반지름의 길이가 r인 반구의 부피를 구하는 보고서를 제출하였으며 함수의 극한과 연속에 대한 수업을 듣고 '나만의 수학일기'를 작성하여 제출함.

- '조세의 부과와 조세귀착'에 대한 글을 분석하여 발표함. 조세귀착에 대해 연구한 하버거의 견해에 대해 실제 사례를 들어 이해하기 쉽게 설명하고 조세가 상품에 부과되는 경우와 생산요소에 부과되는 경우에 대해 그것으로 인한 효과를 논리적으로 설명함. 특히 글을 읽을 때 주의 깊게 읽어야 할 부분과 그 방법에 대해 설명하였는데 이 부분이 다른 학생들이 글을 읽는 데 큰 도움이 되어 좋은 반응을 얻었음.
- 모둠활동에서 이끄미의 역할을 맡아 복잡하고 어려운 개념들을 알기 쉽고 친절하게 모둠원들에게 설명해 주었으며, 그로 인해 모둠원들이 중추신경계의 이름과 기능, 골격근의 구조와 작용 등에 대한 질문에 정확하게 대답할 수 있도록 기여하였고 협업을 통해 어려운 문제를 해결하는 능력을 발휘하였음.

공과대학 건설환경공학부 A학생

고교 공통정보 요약

- 경북 소재 자율형공립고
- 군 지역 소재 소규모 학교
- 과학에서 Ⅰ, Ⅱ수준 과목을 각 3개 이상 이수할 수 있도록 교육과정을 편성함.
- 교육과정과 수업 내용 및 평가의 일관성 유지
- 교과별 특성을 살려 다양한 과정 중심 수행평가로 실질적 학업능력 향상에 주안점

[학교생활기록부 발췌]

- 물리에 관심이 많은 학생임. 장시간에 걸쳐 광전효과실험 시 영향 요인과 개선방향 및 양자역학에 관한 탐구를 진행함. 고등학교 수준의 물리 지식만으로 주제를 선정하고 탐구하는 데 어려움이 있었지만 친구들과 함께 토론을 하며 광전효과라는 키워드를 정하고 실험을 진행함.
- 비교적 난이도가 높은 프랙털 도형문제를 처음 맞닥뜨렸을 때는 답을 구하지 못했지만 일주일 동안 해답지의 도움 없이 스스로 반복하여 고민하는 모습을 보임.
- 탐구활동 과정에서 '영의 이중슬릿' 실험에 대해 생각하고 실험 결과에서 스크린에 회절무늬가 제대로 나타나지 않았던 이유를 실험을 반복하며 확인하고자 함.
- 영어 모둠 수업에서 역할을 분담하고 자신은 배우로써 메인보컬의 역할을 맡아 평소의 조용하고 침착한 모습과는 달리 열정적인 팝스타의 역할을 수행함.
- 수학과 철학에 대한 흥미가 강하여 '수학 철학에 미치다(장우석)'를 읽고 독후감을 제출함.
- 학급의 물리 도우미로서 친구들이 질문한 물리 문제를 설명해 주고, 어려운 물리 탐구활동에서 학생들의 멘토 역할을 적극적으로 수행함.
- 확률과 통계를 배우면서 이미 읽었던 책인 리처드 도킨스의 '이기적유전자'를 다시 읽으며 유전자의 연관성과 확률, 최적의 생존전략을 찾기 위해 실시하는 모의실험에서 나타난 큰 수의 법칙을 발견하고 이해함.
- Famelab시간에 '카페인이 수면 욕구를 낮추는 원리'라는 주제로 카페인이 수면압력계에 도달해 아데노신수용체와 결합하는 과정을 일목요연하게 설명….

공과대학 건설환경공학부 B학생

고교 공통정보 요약

- 부산 지역 일반고
- 군 지역 소재 소규모 학교
- 과학중점과정(수학·과학 교육과정 45% 이상 운영) 운영
- 토론·토의, 탐구 중심의 교수–학습과정 수업 운영
- 교과별 과정중심 수행평가 40%, 서술형평가 30%, 선다형 30%
- 무학년 계절학기 운영

[학교생활기록부 발췌]

- 물리 개념과 현상을 이해할 때 수학적 기법과 원리를 자주 적용했는데, 어려운 문제의 경우 화학이나 생명과학, 지구과학의 이론을 접목하여 마침내 풀어내는 인내력과 과제집착력이 탁월한 학생임.
- 종단 속도를 적용한 낙하하는 물체의 위험성이라는 주제로 수업 시간에 배운 미적분의 내용과 물리학의 내용을 연계하여 낙하할 때 받는 중력과 저항력 조건식을 적분을 통해 풀고, 이를 심화하여 낙하하는 물체의 최종 속도를 나타내는 자신만의 공식을 미적분 계산을 통해 만들어 내면서 낙하하는 물체의 속력과 위험성에 대해 보고서를 작성하여 발표하는 등
- 수행 과제로 상호유도에서 1,2차코일 사이의 위치에 대한 효율성 향상에 대한 실험을 수행하였음. 물리과제에 대한 의지가 강하여 다른 학생들은 포기함에도 끝까지 해결하려는 의지가 남다름을 확인함.
- 도시계획의 수립에 필수불가결한 요건인 미래 도시인구를 추정하기 위해 과거의 인구자료를 이용하는 비요소 예측방법을 통해 구함. 특히, 학생이 사는 지역의 인구자료를 이용하여 2020년과 2030년의 인구가 어떻게 변할 것인지

에 대해 예측방법을 통해 추정하였음. 수업시간에 배운 지수함수를 이용하여 만든 각 모형을 이용하여 식을 만들고 '울프럼알파'에서 그 값을 구해 인구를 예측해 보는 등 내용면에서도 독특하고 탁월한 보고서를 제출하였으며, 알기 쉽게 발표함.

• 학교 주변 환경과 관련된 주제를 탐색하고, 모둠 구성원의 진로와 관련 있는 원자력 발전소 해체와 방사능 폐기물의 처리 방안과 해체 후 원전 부지 활용 방안이라는 주제로 탐구활동을 수행함. 자신이 2학년 때 했던 탐구활동에 연계하여 지속적인 탐구활동을 수행함. 보고서 중 이론적 배경을 조사하면서 원자력 발전의 원리를 익히고, 원전 해체 후 부지를 어떻게 활용 가능한가에 대해 탐구함.

공과대학 건설환경공학부 C학생

고교 공통정보 요약

- 경기 소재 일반고
- 과학중점과정 운영
- 인근 고교와 함께 교육과정클러스터를 운영하여 심화학습 기회를 제공함.

[학교생활기록부 발췌]

• 해독과 독해의 차이점을 알고 자신이 가진 배경지식과 경험, 가치관이 글의 의미를 구성하는 데 얼마나 중요한지 깨달아 그동안 자신이 너무 독서의 양에 치중해 왔다고 반성하며 양질의 독서를 많이 하고 싶다는 내용으로 수업 중 발표함.

• 두 점전하의 전하량의 크기가 다를 때 전기력선의 수를 개략적으로 비교한 교사의 설명이 본인이 가지고 있는 수학적 지식에 어긋나자 유의미한 질문을

하며 파고드는 모습을 보여줌.

- 탄소동소체와 DNA의 분자구조와 기능을 주제로 탐구보고서를 작성하였으며 신소재인 탄소나노튜브와 그래핀 등에 대한 다양한 결합방법과 구조적 차이, 그로 인한 물질의 서로 다른 특징과 일상생활에서 사용될 수 있는 예를 모둠원들에게 자세히 설명하여 친구들의 이해를 돕는 데 큰 역할을 함.
- 평면의 정사영을 구하는 공식을 유도하는 방법으로 삼수선의 정리를 적용하는 방법 외에 구분구적법의 원리를 적용하여 증명함. 수학과 물리학에 대한 이해를 바탕으로 평면운동을 물리의 포물선 운동과 연계하여 해석함. 이차곡선과 관련한 문제해결 후 원을 이차곡선에 접하도록 굴릴 수 있을까에 대한 의문을 갖고 탐구보고서를 작성함.
- 속도-시간 그래프에서 면적이 같기 때문에 t초와 0초 때 물체의 속도가 같다는 등 기본적으로 적어줘야 하는 부분을 표기하지 않는 아쉬움을 보여주었으나 본인의 부족했던 점을 인지하고 보완하고자 노력한 결과 2학기 모둠별 토론활동이나 물리 글쓰기 활동의 수행평가에서 돋보이는 결과를 제출하여 이 아이는 누굴까 하고 이름을 확인하면 항상 이 학생이었던 기억이 남.
- 수업 시간에 다루었지만 증명하지 않고 넘어간 수학 정리와 공식들을 직접 증명해 보는 활동을 하였으며 이차곡선의 광학적 성질이라는 주제로 포물선, 타원, 쌍곡선에서 입사각의 크기와 반사각의 크기가 같음을 수학적으로 증명해봄.
- K-MOOC에서 알고 보면 쉬운 미적분 이론을 수강하여 미적분학에 대한 다양한 명제의 수학적 증명을 이해해 보는 시간을 가짐. 영어로 진행된 수업이라 이해하는 데 다소 어려움이 있었지만 미적분2 과목에서 배웠던 수학적 원리에 대해 다시금 탐구해 볼 수 있는 흥미로운 시간을 가짐.

[참고자료]

* 2019. 2020 학교생활기록부 기재요령
* 2017 학교생활기록부 기재 예시
* 대입정보119
* 2021 한양대학교 수시전형안내 플러스 학생부종합
* 2020, 2021 동국대학교 학생부종합전형 가이드북
* 2021 중앙대학교 학생부종합전형 가이드북
* 2021 연세대학교 수시요강
* 2020 고려대학교 학생부종합전형 가이드북
* 2020 경희대학교 학생부종합전형 가이드북 LION Vol. 34
* 서울대학교 입학본부 웹진 아로리
* 2015개정교육과정에 따른 고교생활 가이드북
* 대학전공선택 길라잡이 - 전라남도 교육청
* 학교생활기록부 정보의 재구조화
* 진로선택 학생의 선택과 대학의 평가
* 학생선택형 교육과정 운영을 위한 과목안내서
* 대입전형 표준화방안 연구–학생부종합전형 평가요소 및 평가항목을 중심으로